감으로 하는 투자 말고

진짜 투자

감으로 ×
하는 ×
투자 말고 ×

진짜 투자

박원주 지음

netmaru

추천사

이 책은 저자가 금융투자에 대해 그동안 연구, 강의하고 실전 경험한 내용을 바탕으로 투자의 기본원칙과 실전투자 방법에 대해 소개하고 있습니다. 잘못된 투자를 하여 힘들어하고 계신 분들, 좋지 못한 투자 경험으로 투자에 대해 불편한 생각을 갖고 계신 분들, 그리고 이제부터 투자를 시작하시려는 분들에게 훌륭한 지침서가 되어줄 수 있을 것으로 생각됩니다. 중고생부터 대학생은 물론, 청년부터 중장년에 이르기까지 투자의 기본을 익히고 싶은 분들께 일독을 권합니다.

강창희 행복100세 자산관리 연구회 대표·전 미래에셋금융그룹 부회장

투자를 시작하는 단계에서 알아야 할 지식들은 생각보다 명확합니다. 다만 그 지식들을 보기 좋고 읽기 쉽게 정리하는 것은 정말 어려운 일입니다. 이 책은 투자와 리스크의 개념부터 실전적인 자산배분 전략에까지 이르는 방대한 내용을 가장 보기 좋고 읽기 쉽게 정리하고 있습니다. 모든 학문에는 입문서가 있지만 투자에는 이렇다 할 입문서가 없었습니다. 이 책이 그 빈자리를 메꿔줄 투자 입문서가 되길 기대합니다.

박곰희 금융투자 유튜버

아프리카 사바나 초원에서 가장 빠른 동물 중 하나는 톰슨 가젤입니다. 톰슨 가젤은 사자의 먹잇감이 되지 않으려고 달립니다. 그리고 가장 빠른 사자보다 늦게 달리면 잡아먹힌다는 것을 알기에 온 힘을 다해 달립니다.

하지만 죽을 힘을 다해 달려 도착한 곳에 사자가 기다리고 있다면 어떻게 될까요? 톰슨 가젤에게는 속도도 중요하지만 그보다 먼저 살펴야 할 것이 방향입니다. 투자도 마찬가집니다. 누구나 빨리 많은 수익을 내기 바랍니다. 운이 좋으면 한두 번은 좋은 수익을 내겠지만, 그런 일이 반복되지는 않습니다.

꾸준한 수익을 내려면 운이 아니라 실력이 있어야 합니다. 실력을 쌓으려면 다소 시간이 걸리더라도 기초가 튼튼해야 하고요. 저자는 실무 경험이 풍부할 뿐만 아니라 기업, 공공기관 및 대학에서 투자를 가르치고 있습니다. 실무와 이론을 모두 갖춘 저자가 쉽지 않은 투자를 차근차근 알기 쉽게 설명하고 있습니다.

이 책은 투자 지식뿐만 아니라 올바른 투자 태도 형성에 도움을 줍니다. 투자의 세계에서 오래 살아남으려면 속도보다는 방향이 중요합니다. 이 책은 초보 투자자가 투자의 세계에서 길을 잃지 않도록 방향을 안내하는 나침반이 되어 줄 것입니다.

김동엽 미래에셋투자와연금센터 상무

차례

2부. **실전투자** 이렇게!

프롤로그

　우리는 투자에 대해 한 번도 제대로 배워본 적이 없습니다. 학교에서 가르쳐 주지 않았으니까요. 그런데 남들 하니, 안 하면 뒤처진다는 생각에, 잘 알지 못하면서 섣불리 뛰어듭니다. 그리고 이내 실망해서 빠져나옵니다. '다시는 내가 이거 하나 봐라' 하면서 말이죠.

　'배우고 익혀야' 할 수 있는 일들이 많습니다. 투자도 그러한 일입니다. 특히 투자는 위험이 수반되니 더더욱 그렇습니다. 아주 기초적인 것부터 차근차근 배우고 익혀야 합니다. 그래야 위험에 대처할 수 있고, 목표를 이룰 수 있기 때문입니다.

　정보와 교육은 다릅니다. 많은 사람들은 투자하기 위해 '자극적인 정보'를 찾습니다. 투자는 몇몇 정보만으로 성공하기 어렵습니다. 정보가 때로는 위험하기도 합니다. 정보 먼저 찾지 말고, 교육부터 받아야 합니다. 투자위험이 무엇이고, 그 위험에 어떻게 대처해야 하며, 투자목표를 이루기 위해서는 배우고 익힌 것을 어떻게 실천해야 할지 차근차근 공부해야 합니다.

　이 책은 투자를 배우고 익히기 위한 좋은 '기본서' 역할을 하고자 합니다. 기본서는 언제든 꺼내서 다시 볼 수 있는 책입니다. 잘 기억나지 않고, 잘 모르겠다 싶은 부분을 반복적으로 익혀도 되는 책입니다. 이 책이 투자하기 전, 투자하는 과정에서, 또 투자 후 그런 역할을 할 수 있었으면 좋겠습니다.

투자 기초부터
탄탄히!

"투자가 뭐예요?"

"위험한 거요. 돈을 잃을까 봐 저는 못하겠어요."

투자에 대한 참 흔한 생각입니다. 그렇지요.

투자는 위험을 수반하고 있어서 돈을 잃을 수도 있습니다. 그래서 꺼려집니다.

우리가 투자에 대해 제대로 배워본 적이 없기 때문에 투자를 두려워하는 걸까요?

제대로 공부하면 투자에 대한 생각이 바뀔 수 있을까요?

투자는 위험합니다. 게다가 그 위험을 바르게 인식시켜줄 어떠한 교육도 받지 못했으니

투자에 대해 두려워하는 것은 당연합니다.

여러분이 잘못 생각하고 있는 게 전혀 아니라는 뜻입니다.

배워야 제대로 판단할 수 있습니다. 그리고 행동할 수 있습니다.

도대체 투자가 무엇인지, 왜 위험한지 차근차근 공부해 봅시다.

그 이후 투자에 대해 다시 이야기해 봅시다.

Chapter 1
워밍업

"꼭 투자해야 할까요? 투자해서 돈 잃는 것보다
투자 안 하고 돈을 지키는 것이 낫지 않을까요?"

네. 충분히 그렇게 생각할 수 있습니다.
하지만 과연 투자를 회피하는 것이 돈을 지키는 걸까요?

Q. 금리와 물가를 왜 비교해야 하나요?
> ↳ 금리보다 물가가 높으면 저축해도 내 돈이 불어나지 않는 셈이 됩니다.

'실질금리 마이너스' 상황이란 말을 들어보셨나요? 쉽게 말해 저축해서 받은 1년 후의 이자보다 구입하고자 했던 상품의 가격이 이자 이상 더 오른 상황을 말하지요(현재 10,000원, 1년 후 원리금 10,300원(3%), 물가상승에 의한 물건 가격 10,500원(5%)). 이런 상황이라면 안 쓰고 아껴서 저축한 보람이 있을까요? 이 경우 '저축으로 내 돈이 불어났다'라고 말하긴 어렵습니다. 물가가 금리보다 높은 상황에서 금리 이상의 수익을 낼 수 있는 투자에 관심을 가져야 하는 이유가 바로 이 때문입니다.

통계청은 매달 소비자 물가동향을 발표합니다. 소비자 물가동향은 가격의 절대적인 수준이 아니라, 가격 변동을 측정하는 것입니다. 기준시점(2020년 = 100)을 기준으로 현재 가격이 어떠한지를 살펴보는 것입니다. 예를 들어 볼게요. 2023년 3월 소비자 물가지수는 전년 동월 대비 4.2% 상승했습니다. 같은 기간

금리는 어땠을까요? 한국은행에 따르면 동기간 금융기관 평균 금리는 3.6%였습니다. 바로 이런 상황, 즉 물가가 금리보다 높은 상황이 바로 실질금리 마이너스 상황입니다.

소비자 물가동향(2023년 3월)

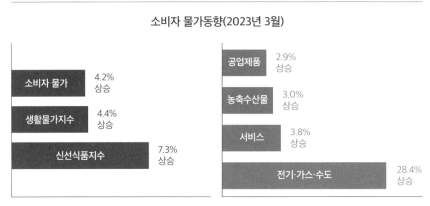

자료: 통계청(2023. 04. 04). 2023년 3월 소비자 물가동향 보도자료

"물가보다 더 높은 장바구니 물가를 아시나요?"

소비자 물가 4.2% 상승, 생활물가지수 4.4% 상승, 신선식품지수 7.3% 상승. 일반 물가에 비해 생활물가가 더 높네요. 생활물가지수는 일상생활에서 소비자들이 많이 구입하는 생활필수품을 대상으로 작성된 소비자 물가지수의 보조지표입니다. 흔히 이야기하는 장바구니 물가에 해당합니다. 만 원짜리 식사도 찾아보기 어렵다는 말이 저절로 나올 만큼 장바구니 물가는 무섭게 올랐습니다. 금리와 소비자 물가를 비교하는 대신 금리와 장바구니 물가를 비교하면 어떤가요? 실질금리 마이너스 상황이 더 확연히 드러납니다.

Q. 투자가 필요한 건 알겠는데 그럼에도 불구하고 왜 투자가 꺼려질까요?
↳ 투자 결과가 불확실하기 때문입니다.

금융투자를 꺼려하는 이유는 투자 결과가 불확실하기 때문입니다. 은행 예적금상품을 비금융투자상품이라고 합니다. 예적금 가입은 마음이 편하죠. 가입 당시 내가 받게 될 이자를 알고, 만기까지 기다리면 되니까요. 하지만 금융투자는 내가 투자를 통해 얻게 될 수익이 얼마인지 모릅니다. 심지어 수익이 아닌 손실이 따를 수도 있지요. 온통 불확실한 것 투성입니다. 인간은 본능적으로 불확실성을 꺼려 합니다. 투자가 꺼려지는 건 나만의 문제는 아니라는 뜻입니다. 우리 모두가 그렇습니다.

투자는 필연적으로 위험Risk을 수반합니다. 그러니 투자란 단어에서 '손실'부터 연상되기 마련이지요. 손실은 투자를 꺼리게 만듭니다. 많은 사람들이 그렇게 생각합니다.

만 18~34세 사회초년생 대상 설문조사(2022)

(4점 만점)	예적금	금융투자
재테크수단	3.04	1.69

(5점 만점)	주식보다 예금	투자위험하면 손실 떠오름	투자수익은 전적으로 '운'
투자위험회피도	3.18	3.69	3.05

자료: 이진아, 강형구, 김석환(2022). 사회초년생의 금융적 특성 분석 및 개인재무관리를 위한 정책적 제언. Financial Planning Review, 15(3), 1-27.을 바탕으로 재구성

Q. 예전보다 투자하는 사람이 많이 늘었다고 하던데 그런가요?

↳ 그러나 우리나라 가계 자산에서 금융투자가 차지하는 비중은 여전히 낮습니다.

과거에 비해 투자에 대한 관심도는 확실히 높아졌습니다. 2020년 코로나 사태 이후 등장한 '동학개미, 서학개미[1]'란 신조어만 봐도 쉽게 알 수 있지요. 그러나 여전히 우리나라 가계자산은 예적금과 부동산 위주로 구성되어 있습니다. 실질금리 마이너스 상황을 극복할 투자가 필요한데도 말이죠. 미국은 어떨까요? 가계 금융자산 중 금융투자자산이 차지하는 비중이 비금융투자자산 (현금·예금)에 비해 4배 이상 높습니다.

한국, 미국 금융자산 구성 비교(2021)

(단위: %)

		한국	미국
현금·예금		43.4	13.2
금융투자상품		25.4	58.0
	(주식)	20.8	40.2
	(채권)	2.3	2.3
	(펀드)	2.3	15.5
보험·연금		30.4	28.6
기타		0.8	0.2

자료: 금융투자협회

---

1) 국내 주식에 투자하는 개인투자자를 '동학개미'라 하고, 미국 등 해외 주식에 투자하는 개인투자자를 '서학개미'라고 부릅니다.

이는 학교 금융교육 부재와도 관련이 있습니다. 제대로 배우지 않았으니 투자 실천이 쉽지 않은 것이죠. 우리나라는 초중고 교육과정에서 경제와 금융 영역을 잘 다루지 않고 있습니다(입시 위주의 교육으로 입시와 직접적 연관이 없는 과목은 외면받고 있습니다). 경제와 금융 영역이라 하더라도 '합리적 소비' 이외 다른 영역은 잘 다루지 않고 있습니다. 미국은 소득, 소비, 저축, 신용, 금융투자, 위험 관리와 보험 등의 영역으로 나누어 각 영역에서 알아야 할 기초지식과 활용방안을 상세히 교육합니다. 특히 금융투자 부분은 투자가 어떻게 부를 축적하고 재무목표를 달성하는 데 도움을 주는지, 투자대안은 어떻게 평가하고, 투자상품은 어떻게 구입하는 지 등 투자에 대해 상당히 구체적인 내용들을 다루고 있습니다.[2] 일본의 고등학생들도 2022년 4월부터 학교에서 주식투자와 펀드의 개념 및 활용법 등을 배우고 있다고 합니다(한국경제, 2023.08.09).

Q. 투자 공부를 꼭 해야 하나요? 그냥 투자하면 안 되나요?

↳ 투자를 통한 '꾸준한 자산 성장'을 원한다면 투자 공부는 반드시 해야 합니다.

'거래이익이 13조 원이었는데, 거래비용이 13조 7,000억 원이었다고요?' 과연 이 말이 참 말일까요? 놀랍게도 맞는 이야기입니다. 2020년 2월부터 2021년 1월, 12개월간 개인투자자의 주식 거래이익은 13조 원, 주식 거래비용은 13조 7,000억 원이었습니다. 수익보다 비용이 큰 이 투자, 과연 성공적인 투자라고 할 수 있을까요? 이런 투자로 꾸준한 자산 성장을 도모할 수 있을까요?

---

[2] 미국 민간 금융교육기구인 '점프스타트'의 금융투자 교육과정 표준 내용 중 일부입니다.

개인투자자 거래규모

(단위: 조 원)

■ 매수　■ 매도　● 순매수

	2016	2017	2018	2019	2020	2021/01/31
매수	1,300	1,381	1,834	1,479	4,387	632
순매수	-3	-9	11	-5	64	25
매도	1,304	1,390	1,823	1,484	4,323	606

개인투자자 거래이익

(단위: 조 원)

거래이익	거래비용
13.0	수수료 3.9 / 거래세 9.8

자료: 자본시장연구원(2021). 코로나19 국면의 개인투자자.

　꾸준한 자산 성장은 '어느 때는 왕창 벌고, 어느 때는 왕창 잃고' 식의 투자로는 절대 불가능합니다. 그러나 우리나라 투자자의 상당수는 시장 상황에 따라 천당과 지옥을 왔다 갔다 하는 투자를 하고 있습니다.

　투자를 통해 꾸준하게 자산 성장을 도모하기란 결코 쉬운 일이 아닙니다. 앞으로 시장이 좋을지 안 좋을지는 아무도 알 수 없는 거니까요. 시장이 좋을 때나 그렇지 않을 때나 꾸준히 위험을 관리하면서 수익을 내는 방법을 익혀야 합니다. 이것은 제대로 된 투자 공부를 해야 가능한 일입니다.

"매매회전율을 아시나요?"

매매회전율은 쉽게 말해 '얼마나 자주 사고 팔았는가?'에 대한 개념입니다. 매매회전율이 높다는 것은 소위 고수익을 내기 위해 단타 매매를 활발히 했다는 뜻입니다. 매매회전율이 높으면 당연히 거래비용이 높아지니 수익률에는 부정적입니다. 우리나라 개인투자자들의 매매회전율은 지나치게 높습니다(특히, 20~30대 남성의 매매회전율이 높고, 이에 수익률은 상대적으로 더 저조합니다).

구분	계좌 비중	수익율(계좌별, 평균)			회전율(계좌별, 평균)		
		전체 18.1%	남 0.7%	여 2.9%	전체 522%	남 709%	여 325%
10대	2.9%	3.8%	3.4%	4.4%	128%	151%	98%
20대	21.2%	0.2%	-2.2%	2.6%	555%	838%	261%
30대	24.1%	1.7%	0.6%	2.9%	527%	714%	327%
40대	24.0%	2.1%	1.6%	2.7%	534%	697%	368%
50대	18.6%	2.2%	1.6%	2.8%	541%	722%	369%
60대	7.3%	3.2%	2.5%	4.2%	505%	647%	329%
70대	1.9%	5.0%	4.4%	5.9%	409%	472%	309%

자료: NH투자증권(2021)

개인투자자들은 왜 이렇게 투자할까요? 이는 그들이 제대로 된 투자 공부 없이 감으로만 투자하기 때문입니다. 투자위험은 어떤 속성을 지녔고, 합리적으로 기대할 수 있는 투자수익은 얼마인지, 어떨 때 투자하고, 어디에 투자하고, 어떻게 투자해야 하는지 등을 제대로 공부해보지 못했기 때문입니다. 투자하기 전 먼저 투자에 대해 공부해야 합니다. 그래야 건강한 투자를 할 수 있습니다. 무턱대고 투자하지 말고 제대로 알고 투자합시다!

▌Chapter 1. 정리 한 마디

실질금리 마이너스 상황에서 투자는 반드시 필요합니다. 그러나 무턱대고 투자하면 안 됩니다. 투자하기 전, 투자에 대한 기본 사항을 공부해야 합니다. 어떤 위험이 있고, 위험을 줄이기 위해 어떻게 해야 하는지 알아야 합니다. 그래야 꾸준한 자산 성장을 도모할 수 있습니다.

Chapter 2
투자기초

투자의 대상에는 무엇이 있을까요?
각 투자 대상은 어떤 공통적인 속성을 지니고 있을까요?
자, 본격적으로 투자 공부 시작해 봅시다.

Q. 투자 대상은 어떤 공통적인 특성들을 지니고 있나요?

↳ 모두 가격이 변합니다.

'투자'하면 뭐가 떠오르나요? 부동산? 주식? 코인? 네, 맞습니다. 모두 투자
할 수 있는 대상에 해당됩니다. 이 밖에 금, 그림, 명품백 등도 모두 투자 대상
이라 할 수 있습니다. 나열한 것들의 공통점을 생각해 봅시다.

정답은 '가격이 변한다'입니다. 부동산, 주식, 코인은 가격이 변합니다. 여러분에겐 좀 생소하겠지만 채권도 가격이 변합니다. 가격이 변하는 것은 모두 투자 대상이 될 수 있습니다. 물론 가격은 '위'로도 '아래'로도 움직일 수 있습니다.

Q. 가격과 가치는 어떻게 다른가요?
↳ '객관적 가격, 주관적 가치'라고 표현할 수 있습니다.

우리에게 꼭 필요한 물의 가격은 싸지만, 꼭 필요하지 않은 다이아몬드의 가격은 엄청 비쌉니다. 필요성이 높은 것이 더 낮은 가격을 가지게 되는 역설적인 현상을 경제학에서는 '물과 다이아몬드의 역설'이라고 합니다. 가격Price과 가치Value는 다릅니다. 그렇다면, 가격과 가치는 어떻게 매겨질까요? 우선 가격은 수요와 공급에 의해 결정됩니다. 만약 시장에서 수요가 공급보다 많다면 어떤 일이 일어날까요? 이는 공급된 물량에 비해 필요로 하는 물량이 많다는 뜻이니 수요자들은 돈을 더 주고라도 그 물건을 사려고 합니다. 이 때 가격은 오르겠지요. 반대로 공급이 수요보다 많다면 공급 물량 과잉으로 공급자들은 낮은 가격에라도 물건을 팔고자 합니다. 이 때 가격은 하락하고요.

가치는 장래에 기대하는 편익의 값을 현재의 값으로 계산한 것입니다. 시장 정보보다도 사람이 느끼는 주관에 중점을 둔 개념이지요. '가치' 개념을 이해하기에 좋은 예시 하나를 들어보겠습니다.

17세기, 세상을 떠들썩하게 했던 '튤립 광풍'을 아시나요? 지금은 좋은 집, 좋은 차가 부의 기준이지만, 그 당시 네덜란드에서는 희귀한 튤립의 보유 여부가 부의 기준이 되었습니다. 사람들은 너도나도 튤립 구근 확보에 열을 올렸고, 급기야 구근 하나의 값이 숙련된 장인의 연 수입 10배 가치에 달하는 상황이 되었습니다. 상황이 이렇게 되자, 사람들은 구근의 가치에 의구심을 품기 시작합니다. '이 정도의 가치가 있어?'라고요. 어떻게 되었을까요? 튤립 구근의 가치에 의구심이 불거지자, 그 인기는 매우 빠른 속도로 식어버리고 맙니다.

주식투자 관점에서 가격과 가치를 설명해 볼게요. 해당 산업에서 독점적 기술을 보유하고 있지만 현재 영업이익은 그리 높지 않은 A기업이 있다고 가정해 봅시다. 투자자들은 A기업의 미래 성장력을 더 높게 보고 있습니다. 즉 자산가치(지금 존재하는 가치)보다 수익가치(미래 가능성을 현재화한 가치)를 더 높게 본다는 뜻입니다. 이 기업 주식의 현재 가격(주가)은 1만 원입니다. 하지만 자산가치와 수익가치를 감안한 A기업의 본질가치는 2만 원입니다. 가격과 가치에 갭Gap이 발생하네요. 이때 투자자들은 A기업의 주가는 저평가된 상황이라 판단합니다. 이에 투자해도 되겠다고 판단합니다.

투자 대상의 가격은 대상의 현재 가치와 미래 가치가 함께 감안되어 형성됩니다. 어디까지나 미래 가치는 주관적 가치이기에 현재 가격이 미래 가치를 잘 반영하고 있는지 아닌지 판단하기는 어렵습니다. 투자가 참 어려운 이유이기도 하지요.

Q. 왜 투자위험은 Danger라고 부르지 않고 Risk라고 부르나요?
　↳ 투자위험은 하방 위험뿐만 아니라 상방 위험도 함께 지니고 있기 때문입니다.

지진, 산불, 교통사고 등과 같이, 발생하면 부정적인 결과를 가져오는 위험이 있습니다. 하방 위험만 있는 경우이죠. 우리는 이러한 위험을 'Danger'라고 부릅니다. 하지만 투자는 어떤가요? 투자의 결과가 부정적인 경우도 있지만, 긍정적인 경우도 있습니다. 즉 손실발생 가능성이 있지만 수익 가능성

도 있다는 뜻입니다. 그런데 '수익이 났는데 무슨 위험이야?' 싶으신가요? 수익난 것이 위험하다는 뜻이 아니라, 평균에서 지나치게 멀어진, 즉 급격한 과열 양상이 보이면 위험할 수 있다는 뜻입니다. 표준편차에 대해 들어보셨나요? 자료가 평균을 중심으로 얼마나 퍼져있는지 보여주는 지표입니다. 평균에서 위로든 아래로든 너무 멀어지면 표준편차가 크다고 이야기합니다. '변동성이 크다'라고 말하기도 하지요. 단기간에 기대 이상으로 수익이 많이 나면, 다시 급속도로 하락할 가능성도 커집니다. 이것도 투자위험이라 할 수 있습니다. 따라서 상방/하방 위험 모두를 내포하고 있는 투자위험은 'Danger'라고 하지 않고 'Risk'라고 해야 합니다.

앞서 투자가 꺼려지는 이유는 결과가 불확실하기 때문이라고 했습니다. 얼핏 보면 위험Risk과 불확실성Uncertainty은 같은 말인 듯합니다. 사실 투자에서는 같다고 생각해도 무방합니다. 그러나 정확히 말하면 '불확실하기 때문에 위험하다'가 맞는 말입니다.

Q. Risk와 변동성은 같은 개념인가요?
↳ 예측불가능한 가격 변동성으로 인해 투자에는 위험이 따릅니다.

'불확실하기 때문에 위험하다'란 말의 의미를 조금 더 풀어보겠습니다. 투자대상은 모두 가격 변동이 있습니다. 이로 인해 투자자산은 위험자산Risk Asset입니다. 가격 변동에서 변동성이란 말 그대로 '가격 변동의 정도'를 말합니다. '하루 만에 냉탕에서 온탕으로' 이런 이야기를 들어본 적 있으시죠? 보통 테마주(하나의 테마에 의해 같은 방향으로 주가가 움직이는 종목군)의 가격 변동이 클 때 이렇게 말하곤 합니다.

변동성은 '예측이 불가능하다'는 특성을 지닙니다. A 기업의 주가가 현재 2만 원인데, 한 달 후 3만 원이 될지, 1만 원이 될지, 미래 가격을 예측하기 어렵다는 뜻입니다. 연말에 각 증권사가 발표하는 '내년 코스피 상단/하단 예측'이 거의 맞지 않는 이유도 변동성이 '예측 가능한 대상이 아님'을 반증합니다. 그러나 안타깝게도 상당히 많은 투자자들은 가격의 변동성을 예측하고자 노력합니다.

투자하면서 Risk를 줄이는 노력은 얼마든지 할 수 있습니다. 특정 종목이 아닌 시장 지수에 투자한다든지, 분산투자를 한다든지 등으로 말이죠(투자위험을 줄이는 방법은 앞으로 자세히 설명할 부분입니다). 그러나 가격 변동의 정도를 의미하는 변동성 자체는 컨트롤 대상도, 예측 가능한 대상도 아님을 분명히 인지하면 좋겠습니다.

Q. 투자위험(Risk)과 수익(Return)은 무슨 관계가 있나요?

↳ Risk Taking의 결과가 Return 입니다.

'High Risk High Return, Low Risk Low Return'이란 말, 많이 들어보셨죠? 투자에서 Risk와 Return은 매우 밀접한 관계에 있습니다. '고위험을 감수하면 고수익이 따른다' 즉 Risk Taking의 결과가 Return이란 뜻입니다.

"많이 위험하지 않으면서, 수익이 높은 상품으로 추천해 주세요" 흔하게 말하고, 흔하게 들을 수 있는 말입니다. 그런데 이 말, 좀 이상하지 않나요? 이건 'Low Risk High Return'을 뜻하니까요. 은행의 예금금리는 저축은행의 예금금리보다 낮습니다. 이는 은행의 Risk가 저축은행의 Risk보다 낮음을 의미합니다.

너무 당연한 이야기처럼 들리시나요? 그런데 이 당연한 이야기를 망각해서 벌어진 안타까운 사건이 우리 주변에서 종종 일어나고 있습니다.

2019년 대한민국을 떠들썩하게 했던 DLF(파생결합펀드) 사건 들어 보셨나요? 이름도 생소하고 어려운 이 펀드 상품이 판매되던 2019년 상반기의 은행 예금금리는 약 1%대 초중반이었습니다. 은행 예금금리보다 훨씬 높은 4%대 금융상품이 등장합니다. '독일 국채금리 연계 파생상품'이라고 하는데, 들어도 무슨 말인지 이해하기 힘든 금융상품입니다. 하지만 '독일 국채' 어쩌고 하니 사람들은 이것이 안전한 상품일 거라고 생각했죠. 선진국 독일이 발행한 국가 채권이고, 은행에서 판매하는 상품이니까요. 그런데 Risk Taking의 대가가 Return임을 아는 금융소비자라면 '예금금리보다 높은 Return을 준다고? 그렇다면 Risk가 따를 수도 있겠구나'라고 판단할 수 있어야 합니다. 물론 쉽지는 않습니다. 판매자(금융기관)가 국가 신뢰도가 높은 독일을 운운하면서, 지금까지 한 번도 손실발생 기준선 수준으로 독일 국채 금리가 떨어진 적 없다고 말하며 'Low Risk, High Return' 상품임을 강조했으니까요. 이러니 정보가 부족한 금융소비자는 판매자의 말을 믿을 수밖에 없었습니다. 결과적으로 DLF 상품의 Return은 4%지만 Risk는 상상할 수 없을 만큼 어마어마하게 높은 상품이었습니다. 이에 많은 투자자들이 심각한 원금손실을 경험하게 되었습니다.

'High Risk High Return, Low Risk Low Return' 다시 한 번 꼭꼭 새깁시다. 누군가가 '안전한데, 높은 수익을 준다'라는 말을 하면 의심부터 합시다. 내 자산은 내가 지켜야 하니까요.

Q. 투자와 투기는 어떻게 다른가요?
  ↳ 투자와 투기, 목표부터 다릅니다.

여러분은 투자와 투기가 다르다고 생각하시나요? 다르다면 어떻게 다르다고 생각하시나요? 투자자들은 모두 자신이 '투자'한다고 생각합니다. 투기한다고 생각하는 사람은 아마 거의 없을 겁니다. 그러나 의외로 진짜 투자하는 사람은 적은 듯합니다. 상당수의 개인투자자들은 투자보다 투기에 가까운 행동을 합니다.

사전적 정의로 투자는 미래 가치 상승을 기대하며 돈을 투입하는 것이고, 투기는 단기간 시세차익을 목표로 돈을 투입하는 것입니다. 투자는 일테면 '아이를 키우는 것'과 같습니다. 아이 키우는 일은 쉬운 일이 아닙니다. 내가 키우는 아이가 훌륭한 어른으로 성장해 주길 바라면서 많은 정성과 노력, 시간, 돈을 투여합니다. 바람대로 성장해 준다면 다행이지만, 그렇지 않은 경우도 종종 발생합니다. 참 모든 것이 불확실하지요. 투자가 딱 이렇습니다.

투자와 투기는 목표부터 다릅니다. 단기간에 높은 수익을 기대하며 돈을 투입하고, 마음을 온통 빼앗기고 있다면 투기를 하고 있는 겁니다. 투기는 '일희일비'를 부릅니다. 인내를 어렵게 만들지요. 설령 투기로 높은 수익을 경험했어도, 더 큰 손실로 이어질 수 있습니다. 투자는 내가 일하는 것처럼, 내 돈도 일하게 하는 겁니다. 그냥 나와 투자가 동행하는 것이지요. 그래서 나도 투자도 미래에 성장할 수 있도록 노력해야 합니다.

▌Chapter 2. 정리 한 마디
투자 대상은 모두 '가격이 변한다'라는 공통점을 지니고 있습니다. 가격이 변하기에(변동성) 투자에는 위험이 따릅니다. 위험을 감수한 대가로 수익을 기대할 수 있는 거고요. 투자는 정성과 인내가 필요합니다. 단기적 이익을 바라는 투기와는 다름을 인지해야 합니다.

Chapter 3
투자위험

우리는 미래 수익을 얻기 위해 투자합니다.
그런데 수익을 얻기 위해서는 투자에 필연적으로
수반되는 위험을 잘 알고 다스려야 합니다.
투자위험, 제대로 한 번 공부해 봅시다.

Q. 투자위험에는 어떤 것들이 있나요?
  ↳ 체계적 위험과 비체계적 위험이 있습니다.

투자위험은 크게 체계적 위험과 비체계적 위험으로 나누어 생각할 수 있습니다. 용어는 다소 낯설지만 개념은 하나도 어렵지 않아요. 먼저 체계적 위험은 개인의 통제가 불가능한 위험을 의미합니다. 제거하기 어려운 위험이지요. 반면, 비체계적 위험은 통제가 가능한 위험을 말합니다. 제거가 가능한 위험이지요.

주식투자에서 체계적 위험이란 '시장의 위험'을 의미합니다. 즉 주식시장 전체에 영향을 미치는 위험을 말합니다. 코로나19, 긴축통화정책, 북핵 리스크 등과 같이 시장 전체에 미치는 부정적 영향을 말하지요. 투자에 참여한 투자자라면 시장의 위험을 고스란히 경험할 수밖에 없습니다. 피하기 어려운 위험입니다.

반면, 비체계적 위험이란 '개별 종목의 위험'을 의미합니다. 해당 기업의 CEO 리스크, 영업이익 감소 등으로 해당 기업의 주가에 미치는 부정적 영향이 바로 이 위험에 해당됩니다. 비체계적 위험은 해당 종목에 집중투자하지 않는다면 얼마든지 피할 수 있습니다. 통제 가능한 위험입니다.

체계적 위험과 비체계적 위험

체계적 위험	비체계적 위험
시장의 위험	개별 종목의 위험
통제 불가능	통제 가능
코로나 위기, 경기침체 위기, 북핵 위기 등	영업이익 감소, CEO 리스크 등

Q. 체계적 위험을 줄이는 방법은 없나요?
 ↳ 위험 자체를 줄일 수는 없지만,
   자산배분, 장기투자 등을 통해 위험을 극복할 수는 있습니다.

투자자라면 체계적 위험은 통제 불가능한 위험이므로 피하기 어렵습니다. 이 위험을 피하는 유일한 방법은 투자를 하지 않는 거지요. 그렇다면 체계적 위험을 피해야 하니 투자하지 말까요? 그건 아닙니다. 돈이 일해서 성장하게 하려면 투자는 반드시 필요합니다.

체계적 위험은 예측하기 어렵지만, 언제든 닥쳐올 수 있습니다. 코로나19 바이러스보다 더 지독한 바이러스가 온 지구를 강타할지, 심각한 경기침체 상황이 도래할지, 북한의 군사도발이 심해질지 아무도 모릅니다. 이러한 사건이 발생하면 시장 전체가 출렁일 수 있습니다. 체계적 위험을 피할 수는 없지만 '극복하는' 방법은 있습니다. 바로 내 자산을 배분하는 겁니다. 예컨대, 자산 전체를 위험자산에 투자하는 것이 아니라 안전자산과 위험자산에 나누어 투자하는 겁니다(투자에서 자산배분은 매우 중요한 개념입니다. 이는 Chapter 8에서 구체적으로 다룰 예정입니다).

체계적 위험은 절대 머무르지 않습니다. 언젠가는 다 지나갑니다. 극복이 어려워 보였던 코로나19 상황의 시장 하락도 금세 회복했습니다. 투자에서 장기투자를 강조하는 이유도 바로 이 때문입니다. 투자자로서 시장에 머물러 있는 시간이 길어야 긍정적 수익 창출이 가능해집니다.

Q. 비체계적 위험을 줄이는 방법은 없나요?
  ↳ 몇몇 종목에 집중투자하지 말아야 합니다.

비체계적 위험은 충분히 통제할 수 있고, 줄일 수 있는 위험입니다. 투자 성공을 위해서는 반드시 제거해야 하는 위험이기도 합니다. 비체계적 위험을 줄이려면 몇몇 종목에만 집중해서 투자하지 말아야 합니다.

개인투자자들의 투자실패는 비체계적 위험을 줄이지 못해서 발생합니다. 종목을 제대로 알고 투자하는 사람은 많지 않습니다. 대부분은 누군가의 추천, 소문 등을 듣고 투자하지요. 그것도 상당히 많은 돈을 소수의 종목에 한꺼번에 투자합니다. 돈이 없다면 빌려서라도요. 그리고 투자에 임하면서 대박 수익을 염원합니다. '이것만 잘 돼 봐라...'

이렇게 투자해서 결과가 좋다면 그건 운이 좋았다고 생각하는 게 맞습니다. 비슷한 투자행태로, 다음에도 좋은 결과가 있을 거라고 기대하기는 어렵다는 뜻입니다. 투자에서 위험을 줄이는 것은 매우 중요합니다. 위험을 줄여야 수익을 기대할 수 있으니까요. 그래서 앞으로 이야기할 부분도 위험을 줄이는 방법에 대한 것입니다.

투자위험 중 체계적 위험을 통제하기 어렵다면 비체계적 위험만이라도 통제해야 합니다. 그래야 위험을 줄일 수 있으니까요. 체계적 위험과 비체계적 위험 모두에 노출된다면 위험을 극대화하는 셈이 됩니다.

투자위험

비체계적 위험   체계적 위험   위험 노출 극대화
(개별 종목 위험) + (시장 위험) ➡ (투자 실패 가능성)

Q. 심리위험을 더 경계해야 한다고요? 심리위험이 도대체 뭔가요?
　↳ 심리위험은 투자실패를 부르는 '나의 마음' 속 위험입니다.

네, 맞습니다. 투자경험이 있는 분들은 공감하실 겁니다. 투자하면서 마음 다스리기가 얼마나 어려운지를 말이죠. 심리위험은 쉽게 말해 투자자의 여러 바람직하지 않은 마음으로 인해 투자실패를 가져올 수 있는 위험을 의미합니다.

'당신은 합리적이고 이성적이어서 늘 현명하고 똑똑한 결정을 내리나요?' 이 질문에 자신 있게 '네'라고 답할 수 있는 사람은 많지 않을 겁니다. 특히 돈에 대한 의사결정에 대해서는요. 진짜 그런지 한번 살펴볼까요? 지금부터 4개의 질문을 던져보겠습니다.

질문 1

예상치 못했던 보너스 1,000만 원이 생겼습니다. 당신은 어떤 선택을 하시겠습니까?

- 가족과 함께 유럽으로 해외여행을 다녀온다.
- 노후준비도 잘 못했는데 이참에 노후를 위해 투자하기로 한다.

질문 2

당신은 어떤 선택을 하시겠습니까?

- Case 1: 100% 확률로 300만 원을 얻는다. VS 80%의 확률로 400만 원을 얻는다.
- Case 2: 100% 확률로 300만 원을 잃는다. VS 80%의 확률로 400만 원을 잃는다.

질문 3

당신에게 100만 원은 다 같은 100만 원인가요?

- 연말정산 환급금 100만 원
- 월급 100만 원

질문 4

이런 말, 들어본 적 있나요?

- "우리 엄마가 그러셨어. 월급 받으면 주식 같은 거 절대 하지 말고, 적금하라고"
- "난 부동산으로 돈 좀 벌어봤어. 그래서 돈 있으면 부동산만 보여"
- "내 주변 동료들이 전부 그 상품에 가입하더라고. 그래서 나도 그게 좋은가보다 생각하고 가입했지 뭐"

    질문 1에 대한 여러분의 생각은 어떠신가요? 아마 거의 대부분은 '노후준비' 가 아닌 '유럽 여행'을 선택했겠지요? 예상치 못했던 돈이 생기면 일단 하고 싶었 던 것부터 생각나니까요. 그런데 현재도, 미래도 모두 내 삶입니다. 합리적인 사람이라면 현재와 미래의 삶을 모두 고려해서 의사결정해야 합니다. 하지만

대부분의 사람들은 미래보다 현재를 더 우선합니다. 미래의 소비보다 현재의 소비를 즐기려 하고요. 미래의 보상보다는 즉각적인 보상이 있길 원합니다. 또 미래의 불확실성보다 현재의 확실성을 추구하지요. 이것이 바로 인간의 '현재 편향' 심리입니다.

질문 2 'Case 1'에 대한 여러분의 생각은 어떠신가요? 100% 확률로 얻을 수 있다고 하니, 80% 확률로 400만 원을 얻기보다 100% 확률로 300만 원 얻기를 선택하고 싶으시죠? 'Case 2'는 어떤가요? '100% 확률로 잃을 순 없다. 차라리 80% 확률로 400만 원 잃는 게 낫지' 이런 생각이 드시나요? 네, 대부분 그렇게 답변합니다. 이익 상황이라면 확실한 쪽을, 손실 상황이라면 불확실한 쪽을 선택하고 싶어하죠. 그런데 곰곰이 생각해보면 Case 1에서의 기댓값은 '80% 확률로 400만 원'이 더 큽니다. Case 2에서의 기댓값은 '100% 확률로 -300만 원(마이너스)'이 더 크고요. 만약 인간이 정말 합리적이라면 우리가 선택한 것과 반대의 선택을 했어야 한다는 뜻입니다. 이익구간에서는 확실한 선택을, 손실구간에서는 불확실한 선택을 하는 것은 인간의 '손실 회피 편향' 때문입니다.

질문 3에 대한 답은 너무 쉽게 나오지요? 같은 100만 원인데 연말정산 환급금은 '공돈' 같습니다. 그래서 그 돈으로 기분 좀 내보고 싶어지죠. 반면, 월급 100만 원은 내가 일해서 번 돈이니 함부로 쓰면 안 될 것 같습니다. 한 달 생활비로 잘 써야 할 것 같고요. 그런데 잘 따져보면 연말정산 환급금도 내 월급이나 마찬가지입니다. 내가 세금을 더 내서 돌려받는 것뿐이니까요. 신용카드로 결제할 때 당장 내 주머니에서 나가는 돈이 아니니 현금보다 덜 부담스럽게 생각하는 이치와 같습니다. 합리적 인간이라면 똑같은 100만 원이니 똑같이 생각하고 다룰 겁니다. 이처럼 스스로 내 지갑 속 돈에 대한 평가를 달리하는 독특한 심리를 '심적회계 혹은 멘탈 어카운팅'이라고 합니다.

질문 4를 읽으며 혹시 '맞다 맞다. 딱 내 이야기야' 하신 분 많으시죠? 나에게 많은 영향을 주는 사람의 반복적인 말은 각인이 되어 나의 행동에 영향을 미칩니다. 나의 성공 경험은 그 이후 나의 행동에 영향을 미칩니다. 내가 신뢰하는 주변 사람들의 행동은 '맞다, 아니다'를 따지기도 전에 동참하고 싶어집니다. 엄마의 경험이 주효했던 이전의 세상과 지금 세상은 다릅니다. 나의 크고 작은 성공 경험이 항상 성공을 가져온다고 장담하기 어렵습니다. 내가 신뢰하는 주변 사람들의 행동이지만, 우선 진위를 따져 스스로 합리적 판단을 할 수 있어야 합니다. 합리적인 인간이라면 말이죠. 이처럼 신뢰하는 다른 사람의 행동이나 나의 성공 경험 등이 기준점이 되어 그 후의 생각과 행동에 영향을 미치는 것을 '닻 내림 효과'라고 합니다. 배가 닻을 내리면 움직이지 않는 것과 같다는 의미입니다.

다시 질문해 볼게요. '인간은 합리적인가요?' 아니요. 인간은 생각보다 합리적이지 않습니다. 인간은 단지 '제한된 합리성'을 지닐 뿐입니다. 전통경제학은 인간의 합리성을 가정합니다. 한정된 자원을 가진 인간은 '기대효용 극대화'라는 기준을 통해 선택과 판단을 한다는 것이지요. 그런데 이러한 가정에 의문을 제기하는 학자들이 있었습니다. 좀 전에 우리가 살펴보았던 질문들을 던지며 인간의 선택과 행동을 관찰해보니 인간은 그리 합리적이지 않더라는 겁니다. 주먹구구식 판단과 여러 가지 편향들을 지니고 있다는 거죠. 이렇게 전통경제학의 가정에 대한 의문에서부터 비롯하여 행동 관찰을 통해 인간의 제한된 합리성을 주장한 학문이 바로 '행동경제학'입니다. '생각에 관한 생각(김영사)'을 쓴 대니얼 카너먼Daniel Kahneman 교수도, '넛지(리더스북)'를 쓴 리처드 탈러 Richard H. Thaler 교수도 모두 행동경제학자이고요.

위에서 살펴본 질문과 답을 통해 알 수 있는 여러 편향들은 돈과 관련된 판단과 행동에서 많이 나타납니다. 특히 투자행동에서 많이 나타납니다. 어째서 많은 사람들이 현명하고 똑똑한 의사결정을 하지 못할까요? 왜 마음이 성공투자를 어렵게 만들까요? 지금부터 성공투자를 어렵게 만드는 우리의 마음에 대해 좀 더 구체적으로 이야기해 보겠습니다.

투자행동에서 나타나는 심리적 편향 이야기

편향Bias의 사전적 정의는 '한쪽으로 치우침'을 의미합니다. 우리가 투자를 할 때 이성적 판단에 의해 합리적으로 의사결정을 내리는 것처럼 보이지만, 의외로 다양한 심리적 편향으로 잘못된 의사결정을 하곤 합니다. 투자행동에서 나타나는 다양한 심리적 편향에 대해 설명해 보겠습니다. 읽으면서 자신에게서 나타나는, 혹은 나타날 수 있는 편향이 무엇인지 생각해 보세요.

초심자의 행운 Beginner's luck

어떤 분야에 막 입문했는데, 선무당이 사람 잡는다고 신기하게도 기대 이상의 결과를 경험한 적이 있나요? 있으시다고요? '초심자의 행운'이 따르셨군요. 초심자의 행운이란 어떤 분야에 막 입문한 초보자가 일반적인 확률 이상의 성공을 거둘 때의 행운을 일컫는 말입니다. 주로 도박, 스포츠, 주식투자 등의 입문자에게서 종종 나타나죠.

이 말은 소설가 파울로 코엘료Paulo Coelho의 '연금술사'에도 나옵니다. "Every search begins with beginner's luck. And every search ends with the victor's being severely tested" 초심자의 행운으로 시작하지만, 가혹한 시험으로 끝난다는 이 구절은 초보자의 결과가 실력이 아닌 운이니, 그 결과를 확대 해석해 경거망동하지 말라는 의미가 담겨있습니다.

초보 투자자가 초심자의 행운을 경험한다면 어떤 생각을 하게 될까요? '아... 좀 더 투자할걸', '오호, 내가 제법 실력이 있나 보네. 주식투자 별거 아니네?' 등과 같이 생각할 수 있습니다.

투자에 대한 신중함을 갖기보다 잘못된 투자 태도가 형성될 가능성이 높겠지요? 전업 투자자의 투자행태를 관찰하며 연구한 논문[3]을 봐도 주식투자의 첫 시작은 누구나 초심자의 행운에서부터 시작된다고 합니다.

투자 초반에 경험할 수 있는 '초심자의 행운'은 반드시 경계해야 할 편향입니다. 이건 어디까지나 운입니다. 이를 자신의 실력이라 생각하고 지나친 과신이나 욕심을 가지면 안 된다는 점을 꼭 유의하세요.

군중심리 편향

군중심리 편향을 한마디로 정의하면, '남들이 하니까, 잘 모르지만 나도 따라 한다'입니다. 미서부 개척시대의 역마차 '밴드왜건Bandwagon'을 아시나요? 밴드왜건은 악대를 선두에 세우고 다니는 운송수단으로 요란한 음악을 연주해 사람들을 계속 모으는 역할을 합니다. 멋모르고 뒤에 따르는 사람들은 무엇 때문에 사람들이 우르르 가고 있는지 잘 모릅니다. 막연히 '좋은 일'일 거라 기대합니다. 이를 '밴드왜건 효과'라고 하지요. 이를 활용한 사례는 소비자의 구매를 부추기는 마케팅 분야에서 종종 보입니다.

군중심리 편향은 주식시장이 좋을 때 관찰되는 경향이 있습니다. 주식투자에 대한 지식도, 관심도, 경험도 없던 사람이 시장 상승으로 여기저기서 괜찮은 투자 무용담이 들려오면 괜히 초조하고 불안해지기 시작합니다. '모두들 투자해서 돈 번다는데, 이러다 나만 돈 못 버는 거 아니야?' 인간은 무리에 순응하고

---

3) 김수현(2019). 개인투자자는 왜 실패에도 불구하고 계속 투자를 하는가? 서울대학교 석사학위논문.

싶은 본능이 있습니다. 소외되고 싶지 않은 거죠. 그래서 늘 많은 사람들이 시장 과열 상황에서 투자에 뛰어듭니다.

만유인력의 법칙을 발견한 뉴튼Isaac Newton아시죠? 뉴튼은 물리학자이자 천문학자였지만 미적분학에 기여한 수학자이기도, 조폐국장이기도 했습니다. 왕으로부터 작위까지 받았고, 명예와 부를 모두 쥐었으나 말년에 최대의 증권 투자 거품South Sea Bubble 붕괴로 재산을 거의 날리고 맙니다. 바로 군중심리 편향으로 인한 잘못된 의사결정으로 말입니다. "I can calculate the motions of the heavenly bodies, but not the madness of people" 남해 회사 거품 사건 이후 뉴튼이 남긴 유명한 말입니다. "천체의 움직임은 계산할 수 있어도, 인간의 광기는 도저히 계산하지 못하겠다"

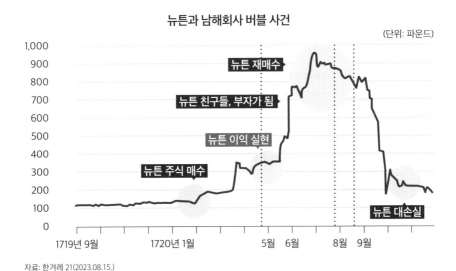

뉴튼과 남해회사 버블 사건

(단위: 파운드)

자료: 한겨레 21(2023.08.15.)

버블의 최대 피해자는 군중심리 편향에 빠진 후발 투자자입니다. 군중심리 편향은 투자행동에서 경계해야 할 대표적인 편향입니다. 적어도 남들이 하니까 소외되기 싫어서, 혹은 초조하고 불안하다고 해서 나도 따라 하는 식의 투자는 절대 하지 말아야 합니다.

기준점 편향

혹시 어릴 때 부모님으로부터 '나중에 커서 주식은 절대 하지 말아라'라는 이야기 들어보셨나요? 아마 꽤 많은 분들이 고개를 끄덕이고 있을지도 모르겠네요. 우리는 이 말의 옳고 그름을 판단하기 이전에, 자주 들었던 말이니까 그냥 기준으로 삼고 행동하곤 합니다. 합리적이고 똑똑한 의사결정을 하려면, 그 말의 진위부터 따져봐야 하는데 말이죠.

이렇듯 처음 정보가 기준이 되어 이후의 내 판단과 행동에 영향을 미치는 심리적 현상을 '기준점 편향'이라고 합니다. 이를 앞서 소개한 닻 내림 효과 Anchoring effect라고도 하지요. 배가 닻을 내리듯 처음에 인상적이었던 말이나 숫자 등이 기준점이 되어 그 후의 판단에 영향을 미치는 현상을 말합니다.

이러한 현상은 투자행동에서 종종 관찰됩니다. 예를 들어볼게요. 만 원에 샀던 주식이 현재 마이너스 30% 상황입니다. 그런데 이 종목에 대한 긍정적인 뉴스는 별로 없습니다. 어떻게 할까요? 대부분의 사람들은 손해 보는 상황에서 팔기 어려워 합니다. 그리고 이렇게 생각하지요. '딱 만 원만 되면 내가 판다' 내가 산 가격 '만 원'이 기준점이 되는 상황입니다. 그 기업 주가의 적정가격에는 관심이 없습니다.

기준점 편향은 투자에서 손실 규모를 키우는 대표적인 편향이기도 합니다. 내가 이러한 편향이 있다고 판단되면 올바른 의사결정을 위한 의식적 노력이 필요합니다.

자기과신 편향

"운전 잘 하세요?"라는 질문에 운전자의 3/4 이상은 자신의 운전 실력이 평균 이상이라고 대답한다고 합니다. 특히 남성들은 더더욱이요. 이는 사실일 수도 있지만, 근거 없는 자신감에서 나오는 대답이기도 합니다.

자신과신 편향은 자신의 예측, 실행, 판단능력 등을 과신하여 자신의 선택이 유리한 결과를 가져올 것이라는 믿음에서 비롯된 심리적 편향을 말합니다. 자기과신 편향은 투자자에게서, 특히 남성 투자자에게서 흔히 나타나는 편향입니다. 이는 종종 몇 차례의 괜찮은 경험을 바탕으로 형성되곤 합니다. 투자초보자가 주로 경험하는 초심자의 행운은 자기과신 편향을 가져오지요. 섣부른 투자 성공이 위험한 이유가 바로 이 때문이기도 합니다.

자기과신은 성공투자에 분명히 걸림돌이 됩니다. 자기과신이 지나치게 높은 경우 자신과 다른 의견을 수용하지 못합니다. 분석적 태도와 능력도 결여되지요. 또 투자위험 요소를 상대적으로 낮게 판단합니다. 이로 인해 더 공격적으로 투자하곤 하지요.

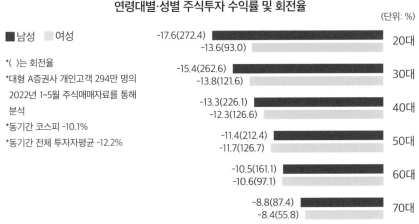

연령대별·성별 주식투자 수익률 및 회전율

(단위: %)

■ 남성　■ 여성

*( )는 회전율
*대형 A증권사 개인고객 294만 명의 2022년 1~5월 주식매매자료를 통해 분석
*동기간 코스피 -10.1%
*동기간 전체 투자자평균 -12.2%

연령대	남성	여성
20대	-17.6(272.4)	-13.6(93.0)
30대	-15.4(262.6)	-13.8(121.6)
40대	-13.3(226.1)	-12.3(126.6)
50대	-11.4(212.4)	-11.7(126.7)
60대	-10.5(161.1)	-10.6(97.1)
70대	-8.8(87.4)	-8.4(55.8)

자료: 국민일보(2022.06.06). 주식투자 최고수는 할머니?

자기과신 편향이 높은 사람들은 자신이 주가의 상승과 하락을 맞출 수 있다고 생각합니다. 그래서 매매 타이밍을 잡으려고 엄청 애를 씁니다. 샀다 팔았다를 반복하며 빈번하게 거래하곤 하죠. 실제로 자기과신 편향이 높은 젊은 남성들의 매매회전율은 상당히 높습니다. 그런데 이들의 수익률이 높을까요? 거래비용만 늘고, 수익률은 낮은 경우가 더 많습니다.

손실 회피 편향

말 그대로 손실을 회피하고자 하는 성향을 말합니다. 투자자들은 이익은 서둘러 챙기고(확정하고), 손실은 확정 짓기 싫어합니다. 이 또한 투자실패를 가져올 수 있는 대표적 편향에 해당합니다.

이미 수익이 난 계좌를 가지고 있다고 가정해 볼게요. 그런데 앞으로의 시장 전망이 나쁘지 않습니다. 여러분은 이익을 실현하시겠습니까? 아니면 좀 더 두고 보시겠습니까? 긍정적 전망에도 불구하고, 상당수의 투자자들은 미래의 불확실성이 싫어 서둘러 이익을 확정 지으려고 합니다. 반대의 상황을 가정해 볼게요. 손실 난 계좌를 보유하고 있습니다. 그런데 온통 우울한 시장 전망만 들려옵니다. 여러분은 손실을 확정 지으시겠습니까? 아니면 계속 보유하시겠습니까? 상당수의 투자자들은 손실 규모가 더 커질 수 있는 상황임에도 불구하고 손실을 확정 짓기 싫어합니다. '원금 수준으로만 회복되라, 회복되라'라고 주문을 외웁니다. 행동경제학자 대니얼 카너먼은 인간은 동일한 크기의 이익에 대한 만족감보다는 손실에 대한 실망감이 더 크다고 했습니다. 쉽게 말해 이익보다 손실에 대한 민감도가 더 크다는 뜻이지요.

근거 없는 판단과 편향으로 오히려 손실 규모를 키우는 경우를 주변에서 쉽게 목격할 수 있습니다. 투자손실이 났다고 하여 무작정 버티는 게 능사가 아닐 수 있습니다. 전설적 투자자 제시 리버모어Jesse Livermore는 '옳은 선택을 했을 땐 인내심으로 이익을 키우고, 잘못된 선택을 했을 땐 규칙으로 손실을 줄여라'라고 했습니다. 올바른 선택과 투자 원칙 수립의 중요성을 암시하는 대목입니다.

현상 유지 편향

사람들은 현재 상황에서 큰 변화가 있길 썩 바라지 않습니다. 자주 가는 식당이 편하고, 오래 다닌 직장이 편하고, 지금 살고 있는 집이 편합니다. 변화를 시도했다가 더 큰 불편함, 손해를 보지 않을까 걱정합니다. 변화로 인한 불확실성이 싫은 거지요.

DC형 퇴직연금은 적립금 운용과 관리의 의무가 개인에게 있는 퇴직연금입니다(퇴직연금 이야기는 Chapter 10에서 다룰 예정입니다). 연봉 중 약 1개월치 월급에 해당하는 적립금이 퇴직연금계좌에 들어오면 그 자금은 내가 알아서 운용해야 한다는 의미입니다. 하지만 많은 사람들이 이 계좌를 잘 운용하지 못하고 있습니다. 장기간에 걸친 적극적인 투자가 필요한 계좌임에도 불구하고, 여전히 원리금 보장형 비중이 높습니다. 이에 DC형 퇴직연금 수익률은 형편없이 낮은 수준입니다.

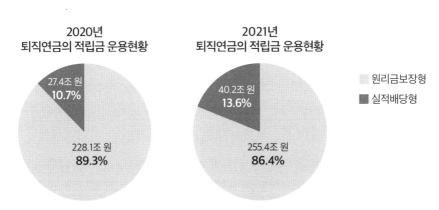

자료: 2021년도 퇴직연금 적립금 운용현황 통계(고용노동부 보도자료. 2022.04.17.)

낮은 퇴직연금 수익률의 주요 요인 중 하나로 이 현상 유지 편향을 지목합니다. 투자가 필요함을 알지만, 포트폴리오 변경으로 인한 손해가 두려워 그냥 방치하고 있으니까요. 현상 유지 편향은 하나의 관성입니다. 적극적, 능동적 돈 관리를 방해하는 일종의 게으름이기도 하고요.

확증 편향

'보고 싶은 것만 보고 듣고 싶은 것만 듣는다' 확증 편향을 잘 설명하는 말입니다. 확증 편향은 자기 생각과 일치하는 정보만을 받아들이려 하는 경향성을 말합니다. 사람들은 자신의 생각과 판단이 틀렸다는 것을 인정하고 싶지 않아 합니다. 누구나 언제든 틀릴 수 있는데도 말이죠. 확증 편향에 빠진 투자자는 자신의 투자와 반대되는, 혹은 부정적인 이슈는 애써 외면하려 합니다. 자신의 믿음에 부합하는 이야기나 자료만 찾으려 하지요. 그리고 실제 자신의 판단대로 상황이 구현되면 '거봐, 내 말이 맞잖아!'라고 큰 소리 칩니다. 진실을 믿어야 하는데, 믿고 싶은 것만 믿으려 하는 성향이지요.

확증 편향 또한 여러 다른 편향들과 마찬가지로 투자실패를 부릅니다. 상황을 객관적으로 판단하고, 자신의 의견과 반대되는 의견에도 귀 기울일 줄 알아야 합니다.

매몰비용의 오류

생각보다 너무 재미없는데, 돈 주고 산 게 아까워서 끝까지 보게 된 영화 있으신가요? 갑자기 아픈데도, 이것저것 준비하느라 쓴 돈과 시간이 아까워서 그냥 여행을 떠나본 경험 있으신가요? 이처럼 일단 어떤 행동을 선택해서 추진 중이라면 그것이 만족스럽지 못해도 지금까지 투자한 게 아까워서라도 그 일을 계속하게 되는 것, 바로 이러한 심리적 현상을 '매몰비용의 오류'라고 합니다.

매몰비용은 이미 지출해서 회수가 불가능한 비용을 의미합니다. 영화보기 위해 쓴 돈, 여행 준비하느라 쓴 돈과 시간, 이 모든 것이 매몰비용에 해당합니다. 소위 '본전 생각나서'라고 할 때 그 본전에 해당하지요. 본전이 아깝지만 재미없는 영화를 볼 바에야 그 시간에 다른 걸 하는 편이 나을 수 있습니다. 본전이 아깝지만, 아파서 제대로 여행의 재미를 누리지 못하느니 차라리 쉬면서 몸부터 보살피는 게 낫습니다. 그러니 매몰비용이 합리적 의사결정을 방해하는 셈입니다.

매몰비용의 오류는 투자행동에서도 종종 관찰됩니다. 지인의 강력한 추천으로 특정 종목을 매수했는데 매수 이후 계속 하락하기만 합니다. 그 종목에 대한 긍정적 전망보다 부정적 전망이 우세해 회복 가능성이 없어 보이는데도 원금이 생각나서 도저히 손절하기가 힘듭니다. 바로 이 상황이 매몰비용의 오류에 사로잡힌 투자행동입니다.

매몰비용의 오류도 기준점 편향, 손실 회피 편향, 확증 편향처럼 손실 규모를 키울 수 있는 바람직하지 못한 심리적 편향입니다. 위 예시처럼 투자해서도 안 되겠지만, 설령 했다 하더라도 잘못된 의사결정이라고 판단되면 서둘러 되돌릴 수 있어야 합니다. 그래야 더 큰 손실을 막을 수 있으니까요.

멘탈 어카운팅(심적회계)

백화점에서 제법 값나가는 수트 한 벌을 구입한다고 가정해 볼게요. 이때 만약 점원이 수트와 정말 잘 어울리는 셔츠, 벨트, 구두도 함께 권한다면 여러분은 어떻게 하시겠어요? '잘 어울리지만 너무 지출이 크니 일단 수트만 사자'라고 생각할까요? 아니면 '비싼 수트랑 잘 어울리니까.. 그래 이 참에 같이 사자'라고 생각할까요? 백화점에서 구입하는 경우라면 수트와 함께 수트에 어울리는 다른 것들을 살 가능성이 높습니다. 비싼 수트 가격 때문에 나머지 제품의 가격에 대한 저항이 크지 않을 가능성이 높으니까요. 나머지 제품을 각각 따로 구입할 때보다는 가격에 덜 민감하다는 뜻이죠.

우리는 동일한 금액의 돈이라도 각각의 가치를 다르게 생각하고 평가하는 경향이 있습니다. 비싼 수트와 함께 구입할 때의 셔츠 가치와 셔츠를 단독으로 구입할 때 느끼는 가치가 다르게 느껴지는 것처럼 말이죠. 이처럼, 같은 돈이라도 돈에 대한 주관적인 계좌Account가 달라서 각각의 돈을 취급하는 방식이나 지출 행태가 달라지는 것, 바로 이러한 심리적 현상을 멘탈 어카운팅, 다른 말로 심적회계라고 합니다.

이러한 현상은 우리의 일상에서 참 많이 관찰됩니다. 현금 지불과 신용카드 지불을 다르게 생각하는 것, 월급과 연말정산 환급금을 다르게 생각하는 것도 모두 멘탈 어카운팅으로 설명할 수 있습니다. 특히 신용카드 사용은 현금 사용과 달리 지금 당장 내 지갑에서 빠져나가는 돈이 없으니 소비감각을 무디게 하고 그 결과 더 많은 돈을 쓰게 합니다. 돈에 대한 인식 차이가 행동 차이를 만드는 셈입니다. 이처럼 멘탈 어카운팅 또한 합리적 의사결정을 방해하는 심리적 편향입니다.

투자행동에서도 이러한 현상이 종종 포착됩니다. 원금손실이 두려워 투자에 소극적인 사람도 공돈 투자라면, 혹은 돈 좀 벌어 생긴 수익금으로 투자한다면, 적극적으로 또 공격적으로 투자하려고 합니다. 심지어 어차피 공돈이니 몽땅 잃어도 된다고 생각하면서 말이죠. 내 돈 투자와 공돈 투자에 대해 느끼는 손실 저항감이 이렇게 많이 다릅니다. 그러나 내가 일해서 번 돈이든 아니든 내가 가지고 있는 돈은 모두 내 돈입니다. 그 돈으로 꾸준한 자산 성장을 바란다면 각 돈에 대해 동일한 투자 원칙과 프로세스를 준수하며 투자해야 합니다.

현재 중시 편향

말 그대로 현재를 미래보다 더 중요하게 생각하는 것을 말합니다. 오늘 100만 원 받는 것이 3년 후 200만 원 받는 것보다 좋습니다. 오늘 해외여행이 미래를 위한 저축보다 좋습니다. 사람들은 지금 내 눈 앞의 현재를 보이지 않는 미래보다 중요하게 생각하니까요.

현재 중시 편향은 '결심 후 행동'을 참 어렵게 만듭니다. 다이어트를 결심했는데 눈 앞의 케이크를 보면 '내일부터 하지 뭐' 이렇게 되고 맙니다. 퇴근 후 운동을 결심했는데 친구의 치맥 유혹에 또 '내일부터 하지 뭐' 이렇게 되고요. 이처럼 '결심 후 행동'이 어려운 이유는 우리가 미래의 효용보다 즉각적 보상을 더 원하기 때문입니다.

현재 중시 편향은 저축행동, 투자행동에서도 참 많이 관찰됩니다. 현재의 지출 때문에 미래를 위한 저축이 쉽지 않습니다. 설령 큰 마음 먹고 저축했다고 하더라도, 이내 돈 쓸 일이 생겼다고 해지하곤 합니다. 미래를 위한 저축도 쉽지 않은 데 위험이 수반되는 투자는 더 꺼려지고요. 많은 사람들이 노후준비를 하지 않는 이유도 이와 연관이 큽니다. 현재도 내 삶, 미래도 내 삶인데 노후준비를 하지 않아 닥칠 수 있는 미래의 어려움을 잘 생각하지 못하는 겁니다. 아니, 생각했다 하더라도 외면하고 싶은 마음이 더 큰지도 모르겠습니다.

투자는 먼 미래를 위해 돈을 던지는 행동입니다. 어쩌면 인간 본성에 반하는 가장 대표적인 행동일지도 모릅니다. 하지만 반드시 필요한 행동입니다. 100세 시대 건강을 위해 다이어트도 운동도 필요하듯, 100세 시대 돈이 없어 힘든 삶을 살지 않으려면 투자가 필요합니다.

투자행동에서 나타나는 대표적인 심리적 편향

초심자의 행운	오호, 내 투자 능력 제법 괜찮은데? 조금 더 투자할걸, 지금이라도 더 투자할까?
군중심리 편향	나만 투자 안 하면 바보 되는 거 아니야? 나도 동참해야겠어!
기준점 편향	(내가 산)5만 원 아래에선 절대 못 팔지!
자기과신 편향	내가 성공 경험이 좀 있거든. 내가 찍으면 오를거야!
손실 회피 편향	절대 손해보고 팔 순 없지, 그냥 끝까지 버틸래!
확증 편향	봐 봐! 내 말이 맞지? 오른다고 했잖아!
매몰비용의 오류	지금까지 손해본 게 아까워서 손절 못하겠어!
멘탈 어카운팅	내 돈 말고 공돈이라면 공격적으로 투자할 수 있지!
현재 중시 편향	지금 쓸 돈도 빠듯한데 노후를 위해 투자하라고? 그건 좀 어렵지!

　지금까지 살펴본 초심자의 행운, 군중심리 편향, 기준점 편향, 자기과신 편향, 손실 회피 편향, 현상 유지 편향, 확증 편향, 매몰비용의 오류, 멘탈 어카운팅, 현재 중시 편향은 투자행동에서 나타날 수 있는 대표적인 심리적 편향입니다. 이러한 편향들로 인해 투자실패를 경험하게 되니, 이는 분명 '투자위험'이라 할 수 있습니다. 이를 심리위험이라 명명하겠습니다. 내가 종종 경험했거나, 앞으로 경험할 수도 있는 이 같은 심리위험은 성공투자를 위해 반드시 잘 다스려야 하는 위험입니다.

Q. 심리위험이 잘 다스려질까요?

⤷ 어렵겠지만, 심리위험을 잘 다스리려면 나만의 투자 원칙을 수립해야 합니다. 그리고 이를 잘 지키기 위해 노력해야 합니다.

말처럼 쉽지만은 않습니다. 그러나 이를 모르고 투자하는 것보다 알고 투자하면 실패 가능성을 줄일 수 있습니다. 앞서 설명한 편향들은 누구에게나 있을 수 있는 것들입니다. '내가 특이해서'가 아니라는 뜻입니다. 먼저 나에게 주로 해당하는 편향이 무엇인지 체크해 보세요.

심리위험은 '나만의 투자 원칙' 수립으로 어느 정도는 극복할 수 있습니다.

나만의 투자 원칙 예시

☑ 시장이 과열되고 있다고 판단될 때에는 어떠한 의사결정도 하지 않기

☑ 신뢰할 수 있는 다양한 정보를 되도록 객관적으로 받아들이기

☑ 내가 틀릴 수 있음을 인정하기

☑ 투자목표가 명확하다면, 시장의 흔들림과 사람들의 반응에 부화뇌동하지 않기

☑ 내가 흔들릴 때마다 처음 수립한 목표를 다시 상기하기

Q. 투자위험이 이렇게 많은데, 그럼에도 불구하고 투자해야 할까요?

↳ 투자하지 않아 발생하는 삶의 위험이 더 클 수도 있습니다.

투자에는 위험이 따르지만, 투자하지 않아도 위험은 따릅니다. 투자하지 않아 발생할 수 있는 위험은 무엇일까요?

우리의 삶 중 돈을 벌 수 있는 기간, 즉 소득 창출 기간은 생각보다 그리 길지 않습니다. 대략 25~30년 정도? 이보다 짧은 경우도 많습니다. 그러나 소비 기간은 생각보다 너무 깁니다. 사람이 하는 돈과 관련된 활동 중 가장 오랫동안 하는 활동이 무엇일까요? 바로 소비, 돈을 쓰는 행동입니다. 삶을 유지하기 위해서는 반드시 돈을 써야 하니까요. 쓰기 위해서는 돈을 벌어야 합니다. 벌지 않는다면 모은 돈이라도 있어야 합니다. 그러나 아쉽게도 100세 시대의 삶에선 돈을 벌거나 모을 수 있는 기간과 소비하는 기간에 큰 차이가 발생합니다.

소득 창출 기간 동안 해야 할 일이 참 많습니다. 결혼도 해야 하고(비혼족도 늘고 있지만), 집도 마련해야 하고, 아이도 낳아 키워야 하고(딩크족도 늘고 있지만), 노후준비도 해야 합니다. 이 많은 일을 돈 버는 기간 동안 해야 합니다. 그러나 소득은 빤하고, 돈 쓸 곳은 많아지고, 돈 모으기가 점점 버겁고 힘들어집니다.

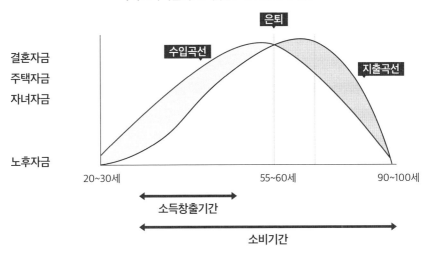

라이프사이클과 소득창출기간 & 소비기간

결혼자금
주택자금
자녀자금

노후자금

은퇴

수입곡선

지출곡선

20~30세   55~60세   90~100세

소득창출기간

소비기간

    돈의 성장이 필요합니다. 우리가 일하듯, 우리의 돈도 일해야 합니다. 실질 금리가 마이너스인 상황에서 위험하다는 이유로 투자하지 않는다면, 돈이 일하지 않아 문제가 되는 더 어려운 삶에 직면할 수도 있습니다.

▌Chapter 3. 정리 한 마디

투자위험은 크게 비체계적 위험, 체계적 위험, 심리위험이 있습니다. 이러한 위험은 피할 것은 피하고, 대응할 것은 대응하고, 다스릴 것은 잘 다스려야 합니다. 투자위험의 속성을 제대로 알고, 이를 줄이는 방법을 안다면 투자위험을 충분히 줄일 수 있습니다.

Chapter 4
투자수익

투자수익Return은 위험Risk를 감내한 데 따른 대가입니다.
위험이 높은 대신 높은 수익을 기대할 수 있고,
위험이 낮은 대신 높은 수익을 기대하긴 어렵다는 뜻입니다.
투자수익은 확정적인 수익이 아니라 기대수익입니다.
투자를 통해 기대하는 여러분의 수익률은 몇 %인가요?

Q. 왜 기대수익률이라고 하나요?
↳ 투자로 인한 수익률은 모릅니다. 다만 기대할 뿐입니다.

은행 예적금을 가입할 때 우리는 만기 시 받을 수 있는 금리를 미리 알 수 있습니다. 금융기관이 제시하는 금리를 보면서 가입 의사결정을 하는 거고요. 하지만 투자상품 가입 시 우리는 미래에 받게 될 수익을 전혀 알지 못합니다. 수익률이 높기를 기대할 뿐이죠. 그래서 기대수익률이라고 표현합니다. 반면, 우리가 보통 이야기하는 수익률은 실현수익률입니다. 투자로 인해 실제 내가 얻게 되는 수익률이지요.

그렇다면 실현수익률은 어떻게 계산하면 될까요? 투자를 통해 발생한 수익에 대한 수익률을 구하는 건 어렵지 않습니다. 매도금액에서 매수금액을 뺀 매매차익을 처음 매수한 금액으로 나누어 100을 곱해서 %로 환산하면 바로 수익률이 됩니다.

$$\frac{매도금액 \ - \ 매수금액}{매수금액} \times 100$$

이는 투자기간 동안 발생한 총수익률을 의미합니다. 총수익률은 투자기간이 다른 경우 비교하기가 어렵지요. 이에 보통은 1년을 기준으로 표준화해서 연수익률로 표시하곤 합니다.

Q. 합리적 기대수익률은 얼마일까요?

↳ 경제성장률과 물가상승률을 감안해서 산정해야 합니다.

'주식투자를 통해 얻고 싶은 수익률은 몇 %인가요?' 이 질문에 많은 사람들은 이렇게 답변합니다. '적어도 50% 이상? 아니 2, 3배 이상의 수익은 나야죠' 이렇게 높은 수익이 나면 참 좋겠지요. 그러나 과연 이러한 수익률이 우리가 투자를 통해 합리적으로 기대할 수 있는 수익률일까요?

터무니없이 높은 기대수익률은 투자실패를 부르는 또 하나의 요인이 됩니다. 적어도 1배 이상의 수익을 기대했는데, 이에 못 미치면 수익률이 달성될 때까지 무작정 기다리시겠습니까? 만약 증권 선택 자체를 잘못했다면요? 좀 과장해서 썩은 물건을 들고 있다면요? 기대수익률은 투자목표 달성과도 연관이 있습니다. 따라서 투자로부터 기대할 수 있는 합리적 기대수익률을 책정할 줄 알아야 합니다.

합리적 기대수익률은 어떻게 정할 수 있을까요? 기대수익률이지만 이를 산정할 때는 기준점이 있어야 합니다. 그 기준점은 바로 '경제성장률'과 '물가상승률'입니다. 투자 대상이 속한 국가의 경제성장률과 물가상승률을 고려하여 산정하는 것이 바람직하다는 뜻입니다. 우리나라 경제성장률이 약 2%, 물가상 승률이 약 3% 정도라고 가정하면, 투지로 인한 기대수익률은 약 5% + α 정도 가 합리적입니다. 통상 국내 주식투자를 통해 기대할 수 있는 합리적 수익률을 6~8% 정도라고 이야기합니다. 이렇게 말할 수 있는 근거는 바로 우리나라의 경제성장률과 물가상승률이 합리적 기대수익률 산정의 기준이 되기 때문입 니다.

합리적 기대수익률

합리적 기대수익률 = 경제성장률 + 물가상승률 + α

경제성장률

년도	2012	2013	2014	2015	2016	2017	2018	2019	2020	2021	2022
%	2.4	3.2	3.2	2.8	2.9	3.2	2.9	2.2	-0.7	4.1	2.6

물가상승률

년도	2012	2013	2014	2015	2016	2017	2018	2019	2020	2021	2022
%	2.2	1.3	1.3	0.7	1.0	1.9	1.5	0.4	0.5	2.5	5.1

자료: 통계청

물론 이보다 높은 수익을 얻을 수 있다면 참 좋겠지요. 하지만 처음부터 터 무니없이 높은 수익률을 기대하면 투자실패 가능성도 높아집니다. 이 점을 꼭 유의하세요.

Q. 그 정도 수익으로 언제 부자가 되나요? 더 많은 수익을 바라면 안 될까요?

↳ 합리적 기대수익률 수준으로도 충분합니다. '시간'을 잘 활용할 수 있다면 말이죠.

오마하의 현인이라는 별명을 지닌 '워런 버핏Warren Buffett' 아시죠? 투자는 잘 몰라도 워런 버핏을 모르는 사람은 별로 많지 않을 겁니다. '버크셔 해서웨이'라는 투자지주회사의 회장 겸 CEO 직책을 역임하고 계신 분이죠. 그는 '장기투자와 복리'의 중요성을 상당히 강조했습니다. 다음 사례는 버핏이 투자자에게 보낸 투자보고서에 담긴 흥미로운 이야기입니다.

"1492년 스페인의 이사벨라 여왕은 콜럼버스의 신대륙 탐험에 3만 달러(우리 돈 약 4,000만 원)를 투자했다고 합니다. 만약 여왕이 그때 그 돈을 콜럼버스가 아닌 연간 4%의 복리수익률을 제공하는 금융상품에 투자했다면 어땠을까요? 3만 달러는 2000년 무렵 약 9조 달러(우리 돈 약 1경 1,988조 원)가 되었을 겁니다. 이 돈은 대략 미국 전체 상장주식 가치의 총합에 이를 만큼 어마어마하게 큰 금액입니다. 실로 놀라운 복리의 마법이죠"

겨우 연 4% 복리투자입니다. 결코 높은 수익률은 아니지요. 아마 재테크에 관심 있는 분들은 복리의 힘에 대해 종종 들어보셨을 겁니다. 복리는 말 그대로 '이자에 이자가 붙는다'는 뜻입니다. 원금에 이자가 붙고, 이것이 다시 원금이 되어 여기에 다시 이자가 붙는 식이죠. 투자에서 수익에 속도를 높여주는 힘이 바로 복리입니다. 시간의 힘을 빌리면 놀라운 결과로 이어질 수 있지요.

월 20만 원을 저축한다고 가정하고, 시간과 수익률에 따른 돈의 변화를 살펴보겠습니다. 가로축은 시간을 나타냅니다(1년, 3년, 10년, 30년). 세로축은 수익률입니다(2%, 5%, 8%). 1년 저축한 경우 2%와 8% 수익률에 따른 결과에 큰 차이가 없습니다. 3년은 1년보다 양호하지만, 그래도 큰 차이가 있다고 보긴 어렵네요. 10년 저축은 2%와 8%의 차이가 제법 큽니다. 월 20만 원 저축, 즉 input은 동일한데, 결과의 차이는 1,000만 원 정도니까요. 30년 저축은 2%와 8% 차이의 결과가 자그마치 2억 이상이나 벌어집니다. 살펴본 바와 같이, 돈은 투자기간이 길수록, 수익률이 높을수록 훨씬 활성화됩니다.

돈의 성장에 영향을 미치는 시간과 수익률의 힘

(단위: 만 원)

구분	1Y	3Y	10Y	30Y
2%	243	743	2,659	9,871
5%	247	778	3,119	16,715
8%	251	816	3,683	30,006

*매월 20만 원 투입 가정

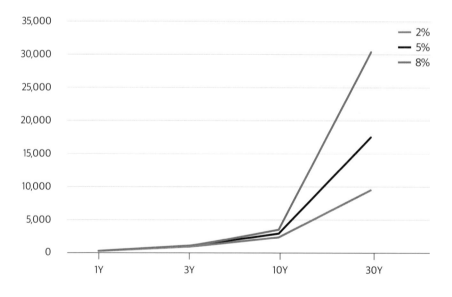

돈은 시간과 수익률의 함수라고 해도 과언이 아닙니다. 시간과 수익률에 따라 돈의 크기가 달라진다는 의미입니다. 고작 4%일지 모르나, 어마어마한 시간의 힘으로 어마어마한 돈의 성장을 가져올 수 있다는 걸 우린 사례로 살펴봤습니다. 주식투자를 통해 기대할 수 있는 수익률을 6~8% 정도라고 하니, 이 정도 수익률로 언제 부자가 되나 싶으시지요? 앞서 살펴봤지만, 수익률 이전에 시간이 먼저입니다. 장기간 투자한다면 아주 크지 않은 수익률이라도 충분히 자산의 성장을 기대할 수 있다는 뜻입니다. 어떻게 하면 저렇게 오래 투자할 수 있냐고요? 투자는 아이 키우는 것과 같다고 했습니다. 아이가 마음먹은 대로 금방 자라지 않는 것처럼 투자도 마음먹은 대로 금방 성과를 내지 않습니다. 인내와 정성이 필요합니다. 워런 버핏의 투자는 10대 때부터였다고 합니다. 지금 버핏은 90세가 넘습니다. 그의 자산은 무려 100조 원 이상입니다. 그러나 이 많은 자산의 본격적인 성장은 50대 이후부터 이루어졌지요. 버핏 자산의 원동력은 '나이'라는 말이 있을 정도로 시간이 자산의 성장을 견인했습니다.

　수익률보다 시간입니다. 버핏은 10년을 투자하지 않을 거라면 단 10분도 투자하지 말라고 했습니다. 100%, 200% 수익률을 추구하며 지치고, 실망하고, 포기하지 마시고요. 그냥 제대로 된 투자, 꾸준히만 하십시오. 충분히 부자가 될 수 있습니다.

↳ 위험이 낮은 채권의 기대수익률이 위험이 높은 주식의 기대수익률보다 낮습니다.

수익Return은 위험Risk 감수의 결과로 얻어지는 것입니다. 계속 강조하지만, 위험이 낮으면 수익은 낮고, 위험이 높으면 수익이 높습니다. 앞에서도 이야기했듯이, 위험은 낮으면서 수익이 높길 바라는 건 이치에 맞지 않겠지요?

금융투자상품 중 채권의 기대수익률은 주식보다 낮습니다(금융투자상품에 대한 이야기는 Chapter 6과 7에서 자세히 다룹니다). 또 주식 중 코스피 투자(대형주 위주) 기대수익률이 코스닥 투자(중소형주 위주)의 그것보다 낮습니다. 왜 이렇게 상품별로 기대수익률이 다를까요? 이는 바로 위험의 차이 때문입니다. 수익은 위험 감수의 결과이니까요. 투자위험이 '코스닥 투자 > 코스피 투자 > 채권투자' 순이라면 투자수익률도 '코스닥 투자 > 코스피 투자 > 채권투자' 순이라는 의미입니다.

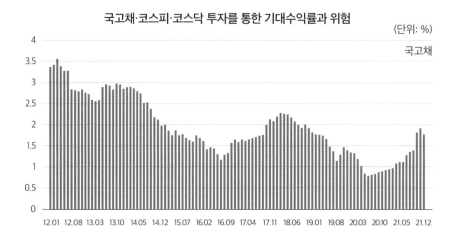

국고채·코스피·코스닥 투자를 통한 기대수익률과 위험

(단위: %)

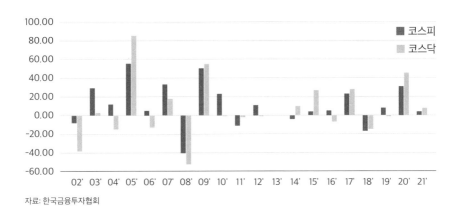

100.00
80.00
60.00
40.00
20.00
0.00
-20.00
-40.00
-60.00

■ 코스피
■ 코스닥

02' 03' 04' 05' 06' 07' 08' 09' 10' 11' 12' 13' 14' 15' 16' 17' 18' 19' 20' 21'

자료: 한국금융투자협회

상단 그래프를 보시면 국고채(국가가 발행하는 채권) 금리 상단은 3~4% 수준입니다. 코스피, 코스닥은 모두 채권보다 높은 수익률을 보이지만, 손실상황도 적지 않습니다. 특히, 코스닥 투자로 인한 변동성은 코스피 투자보다 더 큽니다. 채권과 주식의 기대수익률은 분명 다릅니다. 중요한 것은 기대수익률이 왜 다른지를 이해하는 것입니다. 이는 앞서 강조한 것처럼 위험의 차이 때문입니다. 투자에서 수익보다 위험을 먼저 고려해야 하는 이유입니다.

Q. 꾸준하게 수익을 낼 수 있는 방법이 있을까요?

↳ '좋은 자산으로' 오랫동안 투자하면 가능합니다.

일단 투자기간을 늘리십시오. 그런데 투자기간만 늘리면 모든 투자가 기대 이상의 수익을 가져다줄까요? 그렇진 않습니다. 무엇을 가지고 투자하느냐가 중요합니다.

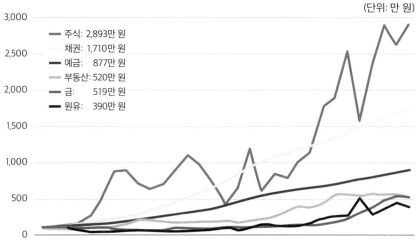

투자자산별 변동성과 누적수익률

(단위: 만 원)

- 주식: 2,893만 원
- 채권: 1,710만 원
- 예금: 877만 원
- 부동산: 520만 원
- 금: 519만 원
- 원유: 390만 원

82' 83' 84' 85' 86' 87' 88' 89' 90' 91' 92' 93' 94' 95' 96' 97' 98' 99' 00' 01' 02' 03' 04' 05' 06' 07' 08' 09' 10' 11' 12'

*1982년 말에 100만 원을 투자했을 경우 원리금 추이(매년 재투자 가정)

자료: 한국거래소

　　위 그래프를 보면서 설명하겠습니다. 1982년부터 2012년까지 투자기간은 30년입니다.[4] 동일하게 100만 원으로 예금, 부동산, 채권, 주식, 금, 원유에 투자했습니다(예금은 투자자산이 아니지만 편의상 묶어서 설명하겠습니다). 먼저 상상해 보세요. 30년간 어떤 자산이 가장 많이 성장했을까요? 결과는 주식이었습니다. 틀림없이 부동산이라고 생각했는데 결과에 놀라셨나요? 물론 투자기간을 달리하면 부동산 자산의 성장이 예금이나 채권보다 더 클 수도 있습니다. 하지만 역사적으로 봤을 때 장기투자 성적은 분명히 부동산보다 주식이 좋았습니다. 부동산은 세금이 많은 자산입니다. 살 때도, 보유할 때도, 팔 때도 세금이 부과되는 자산이지요.

---

4) 자료의 한계로 다소 오래된 과거 데이터를 이용할 수밖에 없음을 양해 부탁드립니다.

반면, 주식은 세금으로부터 비교적 자유로운 자산입니다(2023년 기준, 소액 주주의 국내 상장 주식의 매매차익에 대해서는 과세하지 않습니다). 세금까지 고려한 세후 수익을 비교하면 주식자산 수익률이 부동산 자산에 비해 더 높았습니다. 그런데 주식자산 수익률이 왜 다른 자산에 비해 높았을까요?

위 그래프를 봐도 알 수 있듯이, 다른 자산에 비해 주식자산은 오르락내리락이 많았습니다. 달리 말해 주식자산은 타 자산에 비해 변동성이 컸습니다. 그런데 아이러니하게도 주식자산의 성과는 이 변동성 때문입니다. 주식 그래프에서 투자기간을 줄이면, 손실 발생 구간도 생깁니다. 하지만 투자기간을 늘리면 우상향하며 성장하는 수익을 향유할 가능성이 높아집니다.

좋은 자산으로 꾸준하게 수익을 낼 수 있는 방법은 있습니다. 단, 위험을 줄이는 노력이 필요하며, 투자기간을 늘리는 노력이 필요합니다. 투자기간을 늘린다는 것은 투자자로서 시장 전체에 오래 참여한다는 뜻입니다. 많은 사람들이 1년의 투자도 장기투자라고 생각합니다. 1년이 과연 장기투자일까요? 적어도 5년 이상, 아니 10년, 20년, 그 이상 투자해야 좋은 열매를 맺을 수 있습니다.

▌Chapter 4. 정리 한 마디

투자수익은 확정적 수익이 아닙니다. 위험 감수의 결과로 미래에 기대할 수 있는 수익이지요. 너무 높은 기대수익은 투자실패를 부릅니다. 합리적인 기대수익률을 산정하고, 좋은 자산을 되도록 오랫동안 투자하십시오. 부자가 될 가능성이 높아집니다.

Chapter 5
경제지표와 투자

"요즘 경기가 어때?"

"미국이 기준금리를 또 올렸다던데?"

경제전문가가 아니어도, 경제에 대한 해박한 지식이 없어도,

우리는 일상에서 경기, 금리, 물가 등과 같은

경제용어를 별 거리낌 없이 이야기하곤 합니다.

이는 이러한 용어들이 우리의 일상에

알게 모르게 영향을 미치고 있다는 반증일 것입니다.

경기, 금리, 물가 등은 신호등과 같습니다.

특별할 것 하나 없는 신호등이지만 이는 중요한 교통체계이므로,

이를 무시하면 사고발생 위험이 높아집니다.

이처럼 우리는 '돈에 대한 현명한 의사결정'을 위해

우리의 경제생활에 영향을 미칠 수 있는 주요 경제지표들의

의미를 알 필요가 있습니다.

경제생활을 하는 데 있어서, 또 투자활동을 하는 데 있어서

'꼭 알면 도움이 되는' 주요 경제지표에 대해 공부해 봅시다.

Q. 경기가 뭐예요?

 ↳ 경기는 총체적 경제상황으로, 머무르지 않고 순환하는 성질을 지닙니다.

'요즘 경기 어때?', '경기가 너무 안 좋아서 힘들어' 등과 같이 경기는 일상에서 흔하게 접하고, 또 자주 하는 말입니다. 경기는 쉽게 말해 한 국가의 총체적 경제활동 상황을 의미합니다. 경기가 좋으면 뭔가 '잘 돌아가고 있구나, 활기를

띠는구나'라는 이미지가 연상될 테고, 그 반대이면 '힘들구나, 위축되어 있구나'라는 이미지가 연상됩니다.

경기는 끊임없이 움직입니다. 좋아졌다가, 다시 나빠지고, 또다시 좋아지고를 반복합니다. 경기는 결코 머무르지 않고, 변동하고 순환한다는 이야기입니다. 경기변동의 원인은 여러 가지입니다. 그 원인을 학문적으로 공부할 필요는 없습니다. 다만 경기는 계속해서 순환한다는 사실, 그리고 단 하나의 경제지표에 영향을 받아 움직이는 것이 아니라 생산, 소비, 투자, 고용, 화폐의 수요와 공급, 수출, 수입 등 상당히 다양한 경제지표의 종합적인 움직임에 영향을 받아 움직인다는 사실만은 꼭 기억해 두세요.

'결코 머무르지 않고 순환한다'라는 의미는 무엇일까요? 지금 경기가 안 좋아서 살기 너무 팍팍해도 언젠가는 회복되고 상황이 나아질 수 있다는 의미입니다. 지금 경기가 너무 좋아 살림살이가 풍족해도(이런 상황은 영원하길 바라지만), 부지불식간에 거품은 끼어가고, 그 거품이 언젠가는 꺼질 수 있다는 의미입니다.

그나마 다행인 것은 경기 저점에서 정점까지의 확장국면이 정점에서 저점까지의 수축국면보다 길었다는 점입니다(지금까지 '제 8순환기' 딱 한 번만 제외하고 모든 순환기는 확장국면이 수축국면보다 길었습니다). 우리나라 경기는 11번의 순환을 경험하였고, 2023년 기준, 제 12순환기에 있습니다. 각 순환기마다 편차는 있지만, 평균 순환주기는 약 53개월이었습니다. 대략 4~5년 정도인 셈이네요. 확장기 평균은 약 33개월, 수축기 평균은 약 20개월이었고요.

우리나라 기준순환일 및 국면 지속기간

	기준순환일			지속기간(개월)		
	저점	정점	저점	확장기	수축기	순환기
제1순환기	1972.3	1974.2	1975.6	23	16	39
제2순환기	1975.6	1979.2	1980.9	44	19	63
제3순환기	1980.9	1984.2	1985.9	41	19	60
제4순환기	1985.9	1988.1	1989.7	28	18	46
제5순환기	1989.7	1992.1	1993.1	30	12	42
제6순환기	1993.1	1996.3	1998.8	38	29	67
제7순환기	1998.8	2000.8	2001.7	24	11	35
제8순환기	2001.7	2002.12	2005.4	17	28	45
제9순환기	2005.4	2008.1	2009.2	33	13	46
제10순환기	2009.2	2011.8	2013.3	30	19	49
제11순환기	2013.3	2017.9	2020.5	54	32	86
제12순환기	2020.5	-	-	-	-	-
평균	-	-	-	33	20	53

자료: 한국은행

　투자한 뒤 속절없이 떨어지는 내 계좌를 보면 낙담하게 되겠지만, 언젠가는 경기가 회복될 것이고 시장이 다시 좋아지면 웃을 수 있습니다. 다만 경기를 너무 모르고, 아무 생각 없이 남들이 하니까 무턱대고 따라서 하는 식의 투자는 반드시 지양해야 합니다. 이런 투자는 대부분 정점에 들어갔다가 저점에 나오는, 그래서 엄청난 손실만 경험하고 이내 실망해서 빠져나오는 그런 투자가 될 가능성이 높으니까요.

Q. 경기와 주가는 어떤 관계가 있나요?

↳ 주가는 대표적인 경기선행지수입니다.

혹 경기는 나쁜데 주가는 오르는 경우를 본 적 있나요? 코로나19 여파로 많은 분야의 거래가 위축되어 경기는 얼어붙고 있는데, 이상하게 주가는 오르고 이에 많은 사람들이 주식투자에 열을 올렸던 시기가 있었습니다. 2020년부터 2021년 정도까지의 상황이 딱 그러한 상황이었습니다. 거래가 위축되면 기업이익이 줄어드는 건 당연한데, 주가는 왜 올랐던 걸까요? 주가는 현재 경기상황에만 영향을 받는 것이 아닌 걸까요?

네, 맞습니다. 주가는 현재 경기상황에만 영향을 받지 않습니다. 오히려 미래의 경기상황을 선반영하는 경향성이 더 큽니다. 앞서 말한 코로나19 시기의 주가 상승은 정부의 인위적인 부양정책(금리 인하 및 양적완화) 영향이 큽니다. 하지만 이런 영향도 있지 않았을까요? '코로나19 위기는 언젠가는 극복된다. 현재의 위축된 거래는 다시 정상화되고 활성화될 수 있다. 그러니 지금은 힘들지만 향후 경기가 회복되면 기업이익은 늘어날 것이다' 이렇게 말이죠.

주가는 대표적인 경기선행지수입니다. 경기선행지수는 말 그대로 3~6개월 후의 경기 흐름을 가늠하는 지표입니다. 주가는 현재의 경기를 대변한다기보다 미래의 경제 상황을 가늠해볼 수 있는 지표란 뜻입니다. 지금 주가가 오르면 '아, 앞으로 경기가 좋아질 수 있겠구나' 이렇게 생각할 수 있다는 뜻입니다.

Q. 경기와 금리는 어떤 관계가 있나요?

↳ 경기가 좋으면 돈에 대한 수요가 늘어나므로 금리는 오릅니다.

먼저 금리에 대해 이야기해 보죠. 금리는 돈에 붙는 가격이라고 생각하면 됩니다. 금리가 돈의 가격이라면 금리를 돈의 수요와 공급 메커니즘에서 설명할 수 있습니다. 돈의 수요가 많아지면 금리는 오릅니다(금리 상승). 돈의 공급이 많아지면 금리는 내립니다(금리 하락). 그러면 어떤 상황에서 돈의 수요가 많아지거나 혹은 적어질까요?

경기가 좋아지면 돈에 대한 수요가 늘어납니다. 기업은 생산과 투자를 늘리겠지요? 가계도 소비를 늘립니다. 돈을 더 많이 필요로 한다는 거죠. 돈에 대한 수요가 늘어나니, 대출을 더 많이 필요로 합니다. 대출 수요가 늘어나면 대출금리가 상승합니다. 이에 전반적인 시장금리는 상승합니다. 반면, 경기가 나빠지면 돈에 대한 수요가 줄어듭니다. 기업은 생산과 투자를 줄이고, 가계도 소비를 줄입니다. 이에 돈을 빌리려는 수요가 감소하면서 돈의 가격인 금리는 하락하게 됩니다.

경기와 금리

경기가 좋을 때: 투자·생산·소비 증가 ➡ 돈의 수요 > 공급 ➡ 금리 상승

경기가 나쁠 때: 투자·생산·소비 감소 ➡ 돈의 수요 < 공급 ➡ 금리 하락

물론 항상 이런 흐름인 것은 아닙니다. 돈의 수급 상황에 따라서 경기가 좋아도 금리는 하락할 수 있고, 반대로 경기가 나빠도 금리는 상승할 수 있습니다.

Q. 그렇다면 금리와 주가는 어떤 관계가 있나요?
↳ 일반적으로 금리와 주가는 역의 관계입니다.

금리와 주가의 관계는 은행 예금을 가입한다고 가정하면 쉽게 유추할 수 있습니다. 예금금리가 오르면 나중에 받을 확정적인 이자가 커지기에 아껴서 저축하고 싶어집니다. 이때 주식투자는 고려 대상이 되지 못합니다. 확정적인 이자가 높은데 굳이 불확실한 수익을 추구할 필요가 없으니까요. 반대로 금리가 내려가면 어떨까요? 저축하고 싶어도 이자가 너무 적으니 저축에 대한 동력이 생기지 않습니다. '이보다 높은 수익을 낼 수 있는 게 없을까?' 고민하게 되는 거죠. 따라서 투자를 고려하게 됩니다.

또한 기업 입장에서도 금리가 하락하면 대출이자 부담이 주니, 투자가 늘어나고 이에 생산량도 늘고, 영업이익도 증가합니다. 영업이익이 증가하면 주가가 오르고요.

이처럼 일반적으로는 금리 상승은 주가 하락 요인이고, 금리 하락은 주가 상승 요인입니다. 물론 금리 상승기에 주가도 따라서 상승하고, 금리 하락기에 주가도 따라서 하락할 수 있습니다. 금리 요인보다 다른 요인이 더 강력하게 주가에 영향을 미치면 그럴 수 있다는 뜻입니다.

Q. 물가와 주가는 어떤 관계가 있나요?
↳ 완만한 물가상승은 주가 상승을 견인합니다.

물가는 조금씩 조금씩, 시나브로 상승했습니다. 대표적인 서민 음식으로 꼽히는 자장면 가격이 지난 50년 동안 무려 60배가 넘게 올랐다는 뉴스도 종종 접하게 됩니다. 그런데 물가가 오르면 돈의 가치는 어떻게 될까요? 100원으로 살 수 있었던 물건이 150원이 되었다면 돈의 가치가 그만큼 떨어졌다는 것을 의미합니다. 이럴 땐 돈을 가지고 있는 게 좋을까요? 아니면 물건을 가지고 있는 게 좋을까요? 물가가 상승할 땐 돈보다 물건을 가지고 있는 게 좋습니다. 물건 중 앞으로 가치가 상승할 수 있는 물건이면 더더욱 좋고요. 물가가 상승하면, 즉 인플레이션이 발생하면 부동산과 같은 실물자산의 인기가 높아지는 이유가 바로 여기에 있습니다.

주식은 대표적인 금융투자자산, 즉 부동산처럼 가격 상승을 바랄 수 있는 자산입니다. 이에 물가가 오르면 부동산이 그렇듯 주식도 수요가 많아집니다. 주식 수요가 많아지니 주가는 오르게 됩니다. 이처럼 물가와 주가의 관계는 비례관계, 즉 정(+)의 관계입니다.

이렇게도 생각할 수 있습니다. 물가가 오르면 기업의 매출이 증가합니다. 이에 기업실적이 호전되고요, 기업 주식의 가격인 주가는 상승합니다.

자, 그런데 항상 그럴까요? 결론부터 말하면 아닙니다. 물가가 어떻게 오르느냐에 따라 다릅니다. 물가가 완만하게 오르면 주가에 긍정적이지만, 급격하게 오르면 주가에 부정적입니다. 만약 물가가 급격하게 오르면 어떤 마음이 들까요? 너무 비싸서 물건 사기가 꺼려집니다. 앞으로 더 오를지도 모른다는 불안감에 일단 지갑을 닫게 됩니다. 이러한 상황에 주식투자할 마음이 생길까요? 전혀 생기지 않겠지요. 따라서 물가가 급격하게 오르면 주가는 하락합니다.

다른 측면도 생각할 수 있습니다. 물가가 급격하게 오르면 금리도 함께 상승합니다. 왜 그럴까요? 물건 가격이 이렇게 오르는데, 은행예금을 하고자 하는 사람 입장에서 생각하면 오른 물건 가격을 상쇄할 만큼의 이자를 받을 수 있어야 예금하고 싶어지지 않을까요? 이에 통상 금리는 상승합니다. 금리 상승은 기업의 이자 부담으로 이어지고요. 또 급격한 물가상승은 기업의 제조비용을 증가시켜 실적을 악화시키는 요인으로 작용합니다. 이에 주가는 하락합니다.

물가와 주가의 관계

완만한 물가상승　➡　주가 상승

급격한 물가상승　➡　주가 하락

정리하면 완만한 물가상승은 경제에 활력이 되고, 주가는 상승합니다. 그러나 급격한 물가상승은 주가 하락 요인으로 작용합니다. 실제로 코로나19 여파와 러시아 우크라이나 침공이 함께 맞물려 엄청나게 물가가 상승했던 시기에 주가는 하락했습니다.

Q. 환율과 주가는 어떤 관계가 있나요?

　↳ 환율이 상승하면 주가는 통상 하락합니다.

먼저 환율부터 설명해 보겠습니다. 환율은 한 나라 화폐와 외국 화폐의 교환비율을 의미합니다. 쉽게 말해 외화 1단위와 교환하는 원화의 양을 말하지요. 미국 1달러를 얻기 위해 1,000원이 필요했는데 이제 1,200원이 필요하다고 가

정해 보겠습니다. 이 경우 환율이 상승했다고 합니다. 그런데 똑같은 1달러를 얻기 위해 필요한 원화가 더 많아졌으니, 원화의 가치는 하락한 셈입니다. 이 경우를 평가절하되었다고 하지요. 반대로 1달러에 1,000원이던 것이 900원이 되었다면 어떻게 해석할까요? 환율은 하락하고, 원화의 가치는 상승했습니다(평가절상). 1달러를 얻기 위한 원화의 양이 줄었으니까요.

자, 이제 환율과 주가의 관계를 생각해 봅시다. 먼저 어떤 경우에 환율이 하락할까요? 즉 원화 가치가 상승할까요? 이 경우는 한 나라의 경제가 안정되고 경상수지 흑자 폭이 증가할 때입니다. 우리 돈 가치가 상승한다는 건 우리 경제가 괜찮다는 이야기이니까요. 이럴 때 주가는 어떨까요? 우리 경제가 괜찮다는 건, 기업의 상황도 괜찮다는 것이니 주가는 상승합니다. 이에 '환율 하락은 보통 주가 상승으로 이어진다, 환율과 주가는 역(-)의 관계다'라고 정리할 수 있습니다.

그런데 수출 기업인 경우 다른 해석이 필요합니다. 수출 기업 입장에서는 환율 상승이 유리합니다. 자동차를 생산하고 미국에 판매해서 판매대금을 받는데, 1달러당 1,000원 받는 것보다 1달러당 1,200원을 받는 것이 더 유리하기 때문입니다. 이때 기업의 이익은 늘고, 주가는 상승하게 됩니다. 이처럼 수출 기업의 경우 환율상승은 주가에 정(+)의 영향을 미칩니다.

환율과 주가의 관계 또한 '역의 관계 그러나 수출기업의 경우에는 정의 관계'처럼 항상 이런 식이 성립되는 것은 아닙니다. 다른 변수가 없을 때 통상 이러한 흐름이 전개된다는 거니까요. 하지만 경제 현상에서 하나의 요인만 작용하는 경우는 많지 않습니다. 'A면 B다' 이런 식으로 외우기보다는, 그 과정을, 상호 관계를 이해하시는 편이 경제 현상을 이해하는 데 훨씬 도움이 될 것입니다.

Q. 뉴스에서 '연준'이란 용어를 종종 들었는데, 연준이 뭔가요?

　↳ 연준은 미국의 중앙은행 '연방준비제도'의 줄임말입니다.

　연준 이야기를 하기 전에 우리나라 한국은행 이야기를 먼저 해 보겠습니다. 한국은행은 우리나라의 중앙은행입니다. 즉 은행의 은행이라 할 수 있지요. 한국은행은 여러 일을 합니다. 일단 돈을 찍어내는 발권 기능이 있습니다. 또 통화량(돈의 유통량)을 조절하는 통화정책을 관장합니다. 또 주요한 기능으로 물가를 안정시키는 역할을 합니다. 금융시스템을 불안하지 않게 안정시키는 역할도 하고요. 한국은행 홈페이지를 방문해보신 적 있나요? 홈페이지를 살펴보면 한국은행의 설립 목적이 무엇인지, 어떤 일을 수행하는지 더 자세히 알 수 있습니다.

한국은행의 설립 목적

한국은행은 물가안정목표를 정하여
국민에게 공표하고 이를 달성하기 위하여 최선을 다하고 있습니다.

한국은행은 효율적인 통화신용정책의 수립과 집행을 통해 물가안정을 도모함으로써 나라경제의 건전한 발전에 이바지합니다. 또한 이 과정에서 금융안정에도 유의하여야 합니다.

물가안정은 돈의 가치를 지키는 것이며 돈의 가치는 물가 수준에 좌우됩니다. 물가가 오르면 같은 금액을 주고 살 수 있는 물건의 양이 줄어듭니다. 오늘날 물가안정은 돈을 발행하고 통화신용정책을 수행하는 중앙은행이 책임지고 있습니다. 한국은행도 물가안정 목표를 정하여 국민에게 공표하고 이를 달성하기 위하여 최선을 다하고 있습니다.

중앙은행의 통화신용정책은 금융시장을 통해 그 효과가 퍼져나가기 때문에 금융시장이 제 기능을 다하지 못하면 통화신용정책이 효과를 거둘 수 없게 됩니다. 또한 글로벌 금융위기를 계기로 세계적으로 중앙은행의 금융안정기능이 강화되어 나가는 추세이며 한국은행도 통화신용정책을 수행함에 있어 금융안정을 도모하는 데 적극 노력하고 있습니다.

자료: 한국은행

한국은행의 설립 목적 메인에 '물가안정목표를 정하여'라는 문구가 있습니다. 한국은행의 매우 중요한 역할이 '물가안정목표'라는 뜻입니다. 한국은행의 물가안정목표는 몇 %일까요? 바로 2%입니다. 2%보다 높으면 2% 수준으로 낮추기 위해, 2%보다 낮으면 2% 수준으로 높이기 위해 통화정책을 강구하겠다는 의지가 담겨있습니다. 그렇다면 다른 나라도 물가안정목표가 2%일까요? 네, 맞습니다. 우리를 비롯해 미국, 영국, 일본, 유럽중앙은행ECB 등 주요국 중앙은행의 물가목표치는 2%입니다.

근데 왜 2%일까요? 2% 수준이 가계, 기업 등 경제주체가 물가에 대해 너무 걱정하지 않아도 되는 적절한 수준이라 판단하기 때문입니다. 물가가 너무 높으면 민생이 어려워지겠지요. 그리고 너무 낮아도 경기침체에 대한 우려가 높아집니다. 코로나19 이후 고물가가 오래 이어지자, 목표치를 상향조정 해야 한다는 목소리도 있었습니다. 이는 물가가 높아진 상황에서 2%까지 물가를 낮추려고 무리하게 금리를 올리면 경제에 부담이 될 수 있다는 이유에서입니다.

자, 이제 본론으로 돌아가서 연준 이야기를 해볼게요. 우리나라의 중앙은행이 한국은행이라면, 미국의 중앙은행은 '연방준비제도Fed'입니다. 이를 줄여서 '연준'이라고 합니다. 한국은행은 정부기관입니다. 그러나 미국 연준은 정부기관은 아닙니다. 미국에는 지역은행을 책임지는 12곳의 연방준비은행이 있는데, 연준은 이들을 총괄하는 연합기구라 할 수 있습니다.

연준 산하에는 최고의사결정기구인 연방준비제도이사회FRB가 있습니다. 2023년 기준, FRB의장은 '제롬 파월Jerome Powell'입니다. 또 연준의 통화정책 결정기구 중 가장 중요한 위치에 있는 기구는 연방공개시장위원회FOMC입니다. 아마 뉴스에서 종종 들어봤던 용어일 것입니다. FOMC 발표에 따라 주가가 오르거나 내리는 등, 전 세계 경제에 상당히 많은 영향력을 미치는 기구이지요.

연준의 역할은 한국은행의 역할과 거의 흡사합니다. 우선 달러를 발행하고요. 물가안정, 금융시장 안정 등을 위해 통화정책을 수립하고 집행합니다. 또 은행과 금융기관에 대한 감독 역할도 수행합니다.

Q. 중앙은행의 통화정책을 설명해 주세요.
 ↳ 기준금리를 올리거나 내림으로써 시중 통화량을 조절하는 정책을 말합니다.

한 나라 경제의 안정과 성장을 위해 정부가 가장 중점적으로 관리하고자 하는 부분은 무엇일까요? 바로 '물가와 고용' 부분입니다. 이는 물가와 고용이 민생과 직결되고, 경제주체의 성장과 직결되기 때문입니다. 정부가 물가와 고용 안정을 위해 취하는 대표적인 정책은 재정정책과 통화정책입니다.

재정정책은 정부의 수입과 지출에 관련된 활동입니다. 먼저 정부의 지출 활동부터 살펴보겠습니다. 지출은 가계 소비나 기업 투자가 위축되어 이들이 돈이 필요하다고 판단될 때 늘립니다. 즉 경기 수축 국면에 정부는 확장적 재정정책(정부지출 늘림)을 펼칩니다. 반대로, 가계 소비나 기업 투자에 문제가 없고 활발하면, 수축적 재정정책(정부지출 줄임)을 펼칩니다. 정부의 수입 측면은 세금을 통해 조절합니다. 경기 수축 국면에는 조세를 인하하고, 경기 확장 국면에는 조세를 인상하는 식이지요.

정부의 재정정책

통화정책은 중앙은행이 돈을 풀거나 조이며, 경제활동 수준을 조절하는 정책을 말합니다. 대표적인 정책이 기준금리(중앙은행이 결정하는 한 국가의 대표금리)를 조절하는 정책입니다. 기준금리를 올리고 내리며 이를 통해 시중의 통화량을 조절한다는 뜻입니다. 기준금리를 올리면 시장에 유통되는 돈의 양이 줄어듭니다. 왜 그럴까요? 기준금리가 오르면 대출이자도 오릅니다. 그러면 대출수요가 줄겠지요. 또 예금금리가 오르면 돈을 쓰는 대신 저축하고 싶어집니다. 그러니 시장에 유통되는 돈은 줄어들지요. 반대로 기준금리를 내리면 시장에 유통되는 돈의 양은 늘어납니다. 이자 부담이 적으니 대출을 받아서 여기저기 투자를 하거나 소비할 수 있으니까요.

통화정책은 심각한 경제위기 상황에서 자주 실행됩니다. 코로나19 이후 펼쳐진 통화정책을 살펴보겠습니다. 코로나19는 경제주체 간 거래를 위축시켜 심각한 경제위기 상황을 만든 중요한 사건이었습니다. 이러한 위기 극복을 위해서는 시중에 돈을 풀 필요가 있었습니다. 돈을 풀려면 금리를 인하해야 하지요. 이에 위기 극복을 위한 금리 인하 정책을 펼칩니다. 2020년 5월 기준금리는 0.5% 수준까지 떨어집니다. 이렇게 초저금리 상황이 되자, 어떤 일이 벌어졌을까요? 시중에 돈이 활발하게 유통되어 소비와 투자가 늘어납니다. 주가와 부동산 가격도 상승합니다. 주식에 관심 없던 많은 사람들이 이 시기에 활발하게 투자하기 시작합니다.

위축된 경제가 금리 인하 정책으로 활성화되니 다행이지요. 그러나 이 정책의 부정적 여파도 함께 발생합니다. 바로 인플레이션 문제입니다. 시중에 돈이 많으니 돈의 가치는 떨어집니다. 여기에다 러시아 우크라이나 침공으로 에너지와 식량 가격도 상승합니다. 불난 집에 기름 부은 셈이지요. 물가목표가 2%라고 했지요? 이 목표를 한참 벗어난 너무 높은 물가 때문에 우리나라뿐만 아니라 많은 나라에 비상이 걸립니다. 물가는 민생과 직결됩니다. 너무 높아진 물가 때문에 살기가 힘들어지는 거지요. 그러자 이번에는 높은 물가를 잡기 위해 금리를 인상하는 지경에 이릅니다. 시중에 유통되는 돈의 양을 줄이려면 금리를 인상하여 돈의 유통량을 줄여야 하니까요. 낮아졌던 금리는 다시 오르기 시작합니다. 우리보다 물가가 더 오른 미국은 이를 잡기 위해 계속해서 더욱 급격하게 금리를 올립니다.

통화 정책

경기가 위축된 경우	기준금리 인하 (통화량▲)	• 자산가격이 오른다. • 소비가 증가한다.
경기가 과열된 경우	기준금리 인상 (통화량▼)	• 자산가격이 내린다. • 소비가 감소한다.

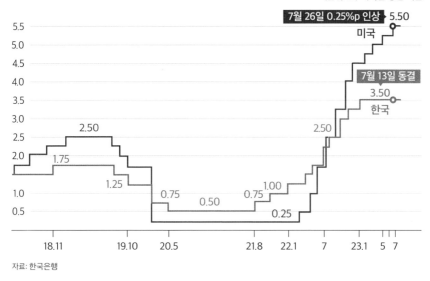

한·미 금리 격차(2023년 7월 기준)

(단위: %) 미국은 상단 기준

7월 26일 0.25%p 인상 → 5.50
미국

7월 13일 동결
3.50
한국

2.50

1.75

1.25

0.75

0.50

0.75

1.00

0.25

2.50

18.11 19.10 20.5 21.8 22.1 7 23.1 5 7

자료: 한국은행

Q. 양적완화는 뭐예요?

↳ 금리 인하를 통한 경기 부양 효과가 한계에 봉착했을 때
중앙은행이 직접 유동성을 시중에 공급하는 정책을 말합니다.

양적완화Quantitative Easing란 말 들어보셨나요? 아마 이 용어는 2008년 글로
벌 금융위기 상황 당시에 뉴스에서 흔하게 들었던 경제용어일 것입니다. 경기
가 위축되었을 경우, 중앙은행은 금리를 통해 시중 통화량을 조절하는 통화정
책을 실시합니다. 그러나 경기 부양을 위해 아무리 금리를 내려도 쉽게 경기가
살아나지 않는 경우가 있습니다. 글로벌 금융위기 때 딱 그랬죠. 기준금리가
0에 가까운 상황에서도 경기가 살아나지 않으니, 특단의 조치가 필요합니다.

금리정책이 금리를 통한 간접 통화정책이라면, 돈을 직접적으로 푸는 직접 정책이 바로 양적완화이지요. 쉽게 말해 그냥 '돈을 찍어서 푼다'라고 이해하면 좋습니다.

미국은 2008년 리먼브라더스 파산 사태 이후부터 2014년까지 점진적으로 3차례에 걸친 양적완화 조치를 취했습니다. 이 조치로 풀린 돈은 자그마치 4조 5,000억 달러였다고 합니다. 그 당시 연준의장은 벤 버냉키Ben Bernanke였는데, 오죽하면 하늘에서 돈을 찍어 뿌린다고 해서 '헬리콥터 벤'이란 별명이 붙기도 했을까요?

'양적완화를 시작한다'는 말의 의미는 '많이 아프니 치료를 시작하겠다'라는 의미입니다. '양적완화를 끝낸다'는 말의 의미는 '이제 많이 회복되었으니 퇴원을 준비해도 좋다'라는 의미가 되고요. 미국의 3차례에 걸친 양적완화 결과, 실업률은 낮아졌고, S&P500 지수(미국의 대표적인 시장 지수)는 그 이후 오랫동안 상승했습니다.

Chapter 5. 정리 한 마디

지금까지 투자할 때 알면 도움이 되는 주요 경제지표와 경제정책 등에 대해 살펴보았습니다. 또 이들과 주가와의 관계에 대해서도요. 종종 들어는 봤지만 잘 몰랐던 부분에 대한 이해의 폭이 이제 좀 넓어지셨나요? 경제뉴스를 어렵다고 생각 마시고, 친숙하게 반복적으로 가까이 해 보세요. 돈에 대한 의사결정 역량이 향상될 수 있습니다.

2부

실전
투자 이렇게!

이제 투자속성도, 투자위험도, 위험과 수익의 관계도 어느 정도는 이해하셨으리라 판단됩니다.

너무 뻔하고 쉬운 이야기였다고요? 네, 그렇게 생각할 수도 있습니다.

하지만 투자실패는 다 이렇게 뻔하고 쉬운 것을 제대로 인지하지 못하고,

실천하지 못해 발생합니다.

이제부터 배우고 익힌 것을 본격적으로 실천하기 위한 실천역량 부분을 살펴보겠습니다.

우리는 투자상품을 통해 투자합니다. 투자하면 떠오르는 주식도 금융투자상품 중 하나입니다.

금융투자상품은 비금융투자상품(예적금 등)처럼 단순하지 않고 복잡합니다.

그래서 지금부터 공부할 내용은 투자기초편보다 훨씬 어려울 수 있습니다.

하지만 걱정하지 마십시오.

투자에 앞서 꼭 알아야 하는 중요한 부분을 중심으로 알기 쉽게 차근차근 설명해 드리겠습니다.

Chapter 6
금융투자상품 I : 채권과 주식

주식과 채권은 개인이 투자할 수 있는
대표적인 금융투자상품입니다.
특히 주식은 많은 사람들이 투자하고 있고,
투자하고 싶어 하는 상품이고요.
그러나 주식은 잘 모르는 상태로 투자하기에는
너무 많은 위험이 따르는 고위험 상품입니다.
따라서 투자에 매우 신중해야 합니다.

Q. 금융투자상품에는 어떤 것들이 있나요?

↳ 주식, 채권, 펀드, ETF는 개인이 투자할 수 있는 대표적인 금융투자상품입니다.

　예적금이 투자하지 않는 비非금융투자상품이라면, 금융투자상품은 투자하는 금융상품입니다. '자본시장과 금융투자업에 관한 법률' 약칭 자본시장법은 말 그대로 자본시장과 금융투자업을 규율하는 법입니다. 여기에서 '자본시장'이란 용어가 나오는데, 자본시장은 어떤 시장을 말하는 것일까요?

　자본시장에 대해 공부하기 전에 금융시장부터 살펴보는 것이 좋겠습니다. 금융시장은 말 그대로 돈이 거래되는 시장입니다. 돈이 남는 사람과 돈이 필요한 사람을 연결하는 시장이지요. 금융시장은 직접금융시장과 간접금융시장으로 구분됩니다. 직접금융시장은 자금의 공급자와 수요자 사이에서 자금이 직접 거래되는 시장이고, 간접금융시장은 은행, 보험 등과 같은 금융회사를 통해 자금거래가 이루어지는 시장을 말합니다. 자본시장Capital market은 직접금융시장 중 하나로 채권시장과 주식시장이 이에 속합니다.

자본시장이 직접금융시장이라는 이야기는 채권과 주식시장은 자금의 수요자와 공급자가 직접 자금거래를 하는 시장임을 의미합니다.

자본시장법상 금융투자상품은 크게 증권과 파생상품으로 나누어집니다. 증권은 다시 6개 상품(채무증권, 지분증권, 수익증권, 투자계약증권, 파생결합증권, 증권예탁증권)으로 나누어지고요. 그런데 개인이 재무목표를 이루는 과정에서 파생상품은 굳이 이용하지 않아도 됩니다. 매우 매우 고위험상품이거든요. 많이 복잡하고 어려운 상품이기도 하고요. 또 증권 중 투자계약증권, 파생결합증권, 증권예탁증권은 굳이 몰라도 되고, 이용하지 않아도 됩니다. 증권 중 채무증권, 지분증권, 수익증권이 개인이 이용할 수 있는 대표적 금융투자상품이라는 이야기입니다.

재무목표 달성을 위해 개인이 이용할 수 있는 대표적 금융투자상품은 주식, 채권, 펀드, ETF입니다(주식을 지분증권, 채권을 채무증권, 펀드와 ETF를 수익증권으로 이해하면 됩니다). 지분증권, 채무증권이란 말은 굳이 몰라도 됩니다. 하지만, 지분과 채무라는 용어를 통해서 주식과 채권의 특성을 유추할 수는 있지요. 이는 주식과 채권에 대해 설명할 때 다시 이야기하겠습니다.

Q. 채권과 주식은 어떻게 다른가요?

  ↳ 둘 다 자금조달을 위해 발행하는 것이나, 채권은 타인자본이고, 주식은 자기자본입니다.

채권은 자금이 필요한 기관이 자금조달을 위해 발행하는 증서입니다. 국가가 자금조달을 위해 발행하면 국채, 회사가 발행하면 회사채입니다. 돈을 빌려달라고 하면서 상대에게 발행하는 차용증과 같은 것이지요. 앞서 채권을 채무증권이라고 부르는 이유를 이제는 아시겠지요? 돈을 빌려준 사람, 즉 채권에 투자한 사람은 이자를 받을 수 있고, 만기가 되면 원금을 받을 수 있습니다. '예적금과 다를 바가 없네?'라는 생각이 드시나요? 그럴 수 있습니다. 채권을 만기까지 보유하면 이자를 받고, 만기에 원금을 받으니 예적금과 크게 다르지 않습니다.

하지만 채권은 투자상품으로 분류됩니다. 앞서 투자 대상의 공통적인 특성은 가격이 변하는 것이라고 배웠습니다. 채권도 투자상품이니 가격이 변하는 상품임을 짐작할 수 있겠지요? 채권은 만기까지 보유하지 않고, 중간에 시장에 팔아 현금화할 수 있는 상품입니다. 산 가격보다 팔 때의 가격이 높다면 이를 통해 수익을 챙길 수 있다는 이야기입니다(자본차익 발생).

채권이 자금조달을 위해 발행하는 차용증(채무증서)이라면, 주식은 자금조달을 위해 발행하는 지분증서입니다. 해당 기업의 주식을 보유하는 주주가 된다면, 내가 가진 지분만큼 나도 기업 이익을 배분받을 수 있다는 뜻입니다(배당).

주식투자를 통해 사람들은 자본차익을 바랍니다. 주식 보유로 인한 배당도 좋지만, 싼 가격에 사서 비싼 가격에 팔아 차익을 남기고 싶어한다는 의미입니다. 이는 내가 투자한 기업의 주가가 내가 투자한 가격보다 상승해야 가능합니다. 그래서 향후 상승할 수 있다고 판단되는 주식 찾기에 많이들 집중합니다.

주식가격의 변동성은 예측하기 어려움에도 불구하고 말이죠.

채권과 주식에 투자하는 사람 입장에서 생각해 보겠습니다. 채권에 투자해서 만기까지 보유하면 확정이자와 원금을 챙길 수 있습니다. 가격 변동에 의한 자본차익 추구는 차치하고라도 말이죠. 위험이 낮습니다. 특히 국가가 발행한 국채의 경우 더더욱 그렇습니다. 반면, 주식투자는 해당 기업의 성장 가능성을 믿어야 투자 가능합니다. 그런데 그 기업이 아무리 성장한다 해도, 주가에 영향을 미치는 요인이 너무나 많기 때문에 주가가 기업의 가치를 잘 반영하지 못할 때가 많습니다. 예상대로 움직이지도 않고, 예측하기도 어려운 것이 주가라는 이야기입니다. 그러니 위험이 높습니다. 채권을 Low Risk, Low Return 상품, 주식을 High Risk, High Return 상품이라고 하는 이유를 이제 명확히 아시겠지요?

Q. 채권투자를 통해 무엇을 얻을 수 있나요?

↳ 이자수익과 자본차익을 얻을 수 있습니다.

채권은 주식에 비해 많은 사람들에게 다소 낯선 투자상품입니다. 먼저 채권투자할 때 알아야 할 기본 용어부터 살펴보겠습니다.

액면가

채권의 액면가는 채권발행자가 빌리는 금액이며, 투자자 입장에서는 만기에 받는 금액을 의미합니다. 액면가가 1억 원이면 1억 원을 빌리겠다는 뜻입니다.

표면금리

표면금리는 채권 액면가에 적힌 이자율입니다. 액면가 1억 원에 표면금리가 6%라면 1억 원에 6% 이자를 주겠다는 뜻입니다. 이를 쿠폰금리라고도 합니다. 만약 3개월마다 이자를 주는 채권이라고 가정하면 3개월마다 1.5%(6%/4)의 이자를 받을 수 있습니다.

(발행)만기일

채권 만기일은 원금을 상환하는 날을 의미합니다. 만기까지 보유했다면 원금을 받을 수 있습니다.

채권가격

채권가격은 다소 이해하기 어려운 개념일 수 있습니다. 일단 채권가격을 이해하려면 발행시장과 유통시장을 이해해야 합니다. 발행시장은 신규로 발행된 채권이 거래되기 시작하는 시장을 말하며, 유통시장은 이미 발행된 채권을 대상으로 투자자들 간 매매가 이루어지는 시장을 말합니다. 쉽게 발행시장을 도매시장, 유통시장을 소매시장이라고 생각해도 좋습니다. 개인투자자는 보통 유통시장에서 채권을 거래하게 됩니다. 시장에서 수요와 공급에 의해 가격이 결정되듯, 채권의 유통시장에서는 채권 수요와 공급에 의해 채권가격이 결정됩니다. 채권가격에서 액면가 1억 원짜리 채권을 개인투자자가 1억 원에 사는 경우는 거의 없습니다. 이는 액면가 5천 원의 주식이 5천 원에 거래되지 않는 것과 마찬가지입니다. 개인투자자는 액면가 1억 원의 채권을 9,800만 원에 사기도, 1억 300만 원에 사기도 한다는 뜻입니다. 투자자는 채권가격이 쌀 때 사서 비싸게 팔면 자본차익을 얻을 수 있습니다. 어떤 상황에서 채권가격이 싸지거나 비싸지는지의 개념은 뒤에서 자세히 설명하겠습니다.

채권수익률

채권수익률은 표면금리와는 다릅니다. 채권수익률은 채권투자를 통해 실제 얻게 되는 수익률을 의미합니다. 1만 원에 산 채권을 1만 500원에 팔았다고 가정하면, 이 채권투자를 통해 얻게 되는 수익률은 5%입니다. ((10,500 - 10,000/10,000) × 100)

잔존만기

개인투자자는 이미 발행되어 유통되고 있는 채권을 매수한다고 했습니다. 잔존만기는 채권의 매수 시점부터 만기까지 남아있는 기간을 의미합니다. 7년짜리 채권이지만 발행된 지 4년이 지나 채권을 매수했다면 잔존만기는 3년입니다.

채권투자를 통해 얻을 수 있는 것은 이자수익과 자본차익입니다. 액면가에 표면금리를 적용해서 받을 수 있는 이자가 이자수익이고, 싸게 사서 비싸게 팔아 채권수익률이 '+'일 때 발생하는 이익이 자본차익입니다. 이자수익은 채권투자를 통해 필연적으로 얻어지는 수익이지만, 자본차익은 채권가격의 움직임에 따라 발생할 수도 있고, 되려 자본차손이 발생할 수도 있습니다.

채권투자를 통한 이익

채권투자 ➡ 이자수익 ＋ 자본차익

Q. 채권투자 수익에 대한 세금은 얼마인가요?

↳ 이자소득에 대해서는 15.4% 과세, 자본차익에 대해서는 과세하지 않습니다.

채권투자를 통해 얻을 수 있는 수익(소득)은 이자소득과 자본차익(매매차익)[5]이 있습니다. 이자소득은 보유기간 동안 정해진 이자를 통한 소득이고, 매매차익은 사고 팔 때의 이익, 즉 양도소득에 해당합니다. 부동산을 매수가격보다 더 비싸게 팔아 양도차익이 발생하는 것처럼요. 부동산 양도차익에 대해서는 양도소득세를 부과합니다. 그러나 채권의 매매차익은 우리나라 소득세법상 과세대상으로 열거된 소득이 아니기에 과세하지 않습니다. 즉 채권을 싸게 사서 비싸게 팔아 수익을 챙겨도 그 수익에 대해서는 세금을 내지 않아도 된다는 의미입니다. 이자소득에 대해서는 15.4% 과세합니다. 금융기관에서 이자를 받을 때 15.4% 떼고(원천징수) 준다는 의미입니다.

해외 채권투자도 국내 채권투자와 마찬가지입니다. 통상 증권사에서 해외 투자용 계좌를 개설한 다음 해외 채권에 투자할 수 있는데, 이 경우 이자소득에 대해서는 15.4% 과세, 매매차익에 대해서는 세금이 없습니다.

구분	내용
국내 및 해외 채권 이자수익	15.4% 과세
국내 및 해외 채권 매매차익	(양도소득세) 과세하지 않음

---

5) 자본차익과 매매차익은 동일한 뜻입니다. 내용상 두 용어가 혼재되어 사용되고 있음을 양해 바랍니다.

Q. 그렇다면 채권은 어떤 상황에서 투자하고, 어떤 상황에서 투자하지 말아야 하나요?

↳ 채권은 향후 금리 인하가 예상될 때 투자하는 것이 좋습니다.

이 부분은 채권투자에서 가장 어려운 부분입니다. 되도록 쉽게 설명할 테니, 잘 따라와 주세요. 혹 이해가 되지 않는다면 반복해서 공부해 보세요.

채권투자를 통해 자본차익을 얻고 싶다면, 주식투자처럼 채권가격이 쌀 때 사서 비쌀 때 팔 수 있어야 합니다.

채권가격은 금리가 하락할 때 상승하고, 금리가 상승할 때 하락합니다. 즉 채권가격과 금리는 서로 '역의 관계'에 있다는 뜻입니다. 왜 그런지 예를 들어 설명해 보겠습니다.

내가 가지고 있는 채권의 표면금리는 4%입니다. 그런데 시중금리가 하락하여 지금 발행되는 채권의 표면금리가 3%가 되었다고 가정해 봅시다. 그러면 내가 가진 채권이 유리할까요? 아니면 지금 발행되는 채권이 유리할까요? 내가 가지고 있는 채권을 통해 더 많은 이자를 받게 되니 내 채권이 유리해집니다. 유리해지니 수요가 늘겠지요? 내가 가지고 있는 채권의 가격이 상승한다는 뜻입니다. 반대로 시중금리가 상승하여 5%가 되었다고 가정해 봅시다. 나는 4% 이자를 받는데, 지금 발행되는 채권을 통해서는 5% 이자를 받으니 내 채권이 불리해집니다. 내 채권에 대한 수요가 줄어드니, 가격은 하락하게 됩니다. '금리와 채권가격은 역의 관계를 지닌다'라는 말의 의미를 이해하시겠지요?

채권은 향후 금리 하락을 예상할 때 채권가격이 상승할 수 있어 투자하기 좋습니다. 반대로 금리 상승이 예상될 때는 채권가격이 하락할 수 있어 채권투자가 불리합니다.

금리와 채권 가격의 관계

금리 하락　➡　채권 가격 상승

금리 상승　➡　채권 가격 하락

　한국은행은 코로나19로 인해 위축된 경기를 활성화시키고자 금리 인하 정책을 펼쳤습니다. 이에 풍부한 자금 유동성으로 인해 주식시장이 활성화되었고요. 그러나 반대급부로 급격한 인플레이션 상황이 도래하였습니다. 이에 이번에는 내린 금리를 다시 올리기 시작했습니다. 그런데 금리를 좀 많이 올려야만 했습니다. 코로나19 위기에 우크라이나 침공사태까지 맞물린 탓에 심각한 고물가 상황이 되었으니까요. 이때 채권투자 수요가 확 늘어납니다. 신문과 방송에서 연일 채권투자 이야기가 흘러나옵니다. 왜 그랬을까요? 향후 금리 인하를 예상할 수 있는 상황에서 채권투자를 통한 자본차익 발생 가능성이 높아졌기 때문입니다. 더불어 금리 인상으로 채권의 표면금리가 높으니 높은 이자수익 창출까지 가능해졌기 때문입니다. 즉 특수한 상황에서의 통화정책이라고 판단했던 겁니다. 오랫동안 유지되어왔던 저금리 기조가 일시적 고금리 상황으로 변경되었으니까요. 하지만 이 위기가 지나면 다시 정상적인 상황으로 돌아갈 거라고 생각합니다. 고금리 기조는 가계부채가 심각한 상황에서 나라 경제에 큰 부담이 될 수 있으니까요.

　자, 이제 언제 채권을 투자하면 좋을지 아시겠지요? 채권투자에 안 좋은 시기는 위에서 설명한 상황과 반대되는 상황에서입니다. 채권을 이미 보유하고 있는 상황에서 금리가 인상되면 보유 채권의 가격이 하락합니다. 코로나19 이전 채권에 투자한 투자자들에게 딱 이러한 상황이 발생했습니다. 이에 채권투자자들의 손해가 막심했지요. "채권은 저위험상품 아니야? 그런데 도대체 왜 이렇게 손실이 발생하는 거야?" 이해하기 어려운 채권 손실은 이러한 상황 때문이 었습니다. 이처럼 채권투자를 통한 손실도 발생할 수 있음을 인지해야 합니다.

Q. 채권투자를 하려면 목돈이 있어야 하나요?
↳ 소액으로도 얼마든지 투자 가능합니다.

만일 채권투자 적기라면 어떤 채권부터 투자해야 할지 먼저 이야기해 보겠 습니다. 채권은 발행 주체에 따라 국채, 지방채, 회사채 등으로 분류됩니다. 채 권을 투자할 때는 우선적으로 발행 주체의 신용도를 고려해야 합니다. 채권에 투자한다는 건 내 돈을 빌려주는 셈이니까요. 국가가 발행한 채권은 국가가 존 속하는 한 원금을 떼일 우려가 없습니다. 하지만 잘 모르는 회사가 발행한 채 권일 경우, 회사 재무상황에 따라 원금을 떼일 가능성이 있습니다. 이 때문에 회사채에 투자할 때는 잘 알고 있어 친숙한 회사, 재무구조가 탄탄한 회사 채권 에 투자해야 합니다.

채권의 신용위험은 신용등급을 보면 알 수 있습니다. 채권의 신용등급은 AAA부터 D단계까지 매겨집니다. 통상 'AAA'부터 'BBB-'까지가 '투자 적격' 단 계로 평가됩니다. 채권투자를 통한 위험을 지고 싶지 않다면, 신용위험이 낮은 (부도 위험이 없는) 국채나, 신용등급이 높은 회사채에 투자하여 만기까지 보 유하면 됩니다. 이때 위험은 거의 없으니까요. 대신 위험이 낮으니 수익률도 낮겠지요.

일반인은 보통 증권사를 통해서 채권투자를 할 수 있습니다. 증권사를 통해 이미 발행되어 유통되고 있는 채권을 구입하는 식입니다. 주식은 어떤 증권사 를 통해 거래하든 상관없습니다. A증권사를 통해 주식을 매매하든, B증권사를 통해서 하든, 같은 종목의 실시간 가격은 동일하다는 뜻입니다. 그러나 채권은 다릅니다. 증권사는 투자자에게 채권을 판매하기 위해 마치 도매시장에서 물건을 떼오듯 채권을 자체 선별합니다. 그리고 소매로 투자자에게 판매합니다. 당연히 마진을 좀 붙이겠지요. 마진은 증권사별로 다릅니다. 물건도 다릅니다. 따라서 증권사 선택이 중요할 수 있습니다.

예전과 달리 요즘의 채권투자는 소액으로도 가능합니다. 또 증권사 지점을 직접 방문하지 않고, 모바일로도 가능합니다.

모바일 채권투자 화면 예시

A+		
롯데렌탈56-1(녹)		
저위험		
이자지급주기		**3개월**
잔존만기		**1년 5개월**
세전은행환산수익률		**연4.818%**
AA-		
롯데하이마트8		
저위험		
이자지급주기		**3개월**
잔존만기		**10개월**
세전은행환산수익률		**연4.783%**

자료: 삼성증권

보시는 이미지는 증권사 모바일 채권투자 화면입니다. 맨 위에 'A+'는 해당 채권의 신용등급을 의미합니다. '롯데렌탈 56-1(녹)' 채권은 이자 지급주기가 3개월이네요. 대부분의 회사채 이자 지급주기는 3개월입니다(3개월 이표채). 잔존만기는 1년 5개월이네요. 지금 투자하면 1년 5개월 뒤 원금상환이 가능하다는 이야기입니다. '세전은행환산수익률'은 무엇을 의미할까요? 이 채권에 투자하면 은행예금이율로 환산했을 때 세전 연 4.818%에 해당하는 수익을 얻을 수 있다는 뜻입니다. 이건 앞서 채권용어에서 살펴본 채권수익률에 해당되겠지요?

채권투자는 이렇게 증권사를 통해 증권사가 판매하는 채권을 직접 구매하는 방식을 취합니다. 하지만 이런 직접투자 말고, 펀드나 ETF를 통한 간접투자도 가능합니다.

Q. 주식투자를 통해 무엇을 얻을 수 있나요?
  ↳ 배당수익과 자본차익을 얻을 수 있습니다.

주식투자를 하는 첫 번째 이유는 해당 기업이 성장했을 때 주가 상승에 따른 자본차익을 얻기 위함이고, 두 번째 이유는 해당 기업이 이익을 냈을 때 그 이익 중 일부를 배당받기 위함입니다. 주식투자자 상당수는 자본차익을 우선적으로 추구합니다. 하지만 우량한 기업에 장기적으로 투자하면서 안정적인 배당수익을 우선적으로 추구하는 사람들도 많습니다. 안정적인 배당을 줄 수 있는 기업은 이익이 나고 있다는 뜻이고, 이에 주가 상승 가능성도 많다고 생각하니까요.

통상 배당수익률이 높은 주식을 고배당주라고 부릅니다. 고배당주 찾기는 '네이버 증권 ⇨ 국내증시 ⇨ 배당'에서 찾아볼 수 있습니다. 우리가 잘 아는 기업 중 배당수익률이 예금금리의 2~3배 이상 되는 기업도 있습니다. 주식을 보유하고 있는 것만으로도 이렇게 높은 배당을 주니, 투자하지 않을 이유가 없다고 생각되시나요? 하지만 배당수익률이 높다고 무턱대고 투자하는 것은 생각해봐야 할 문제입니다. 배당수익률이 높아도 주가는 기대보다 저조할 수 있으니까요. 또 어느 해는 배당을 주고, 어느 해는 주지 않을 수도 있으니까요. 차라리 배당수익률이 그렇게 높지 않아도 배당을 지속적으로 주는 회사, 배당이 지속적으로 성장하는 회사에 투자하는 편이 나을지 모릅니다. 그 회사는 분명 이익이 지속적으로 나고 있고, 성장하는 회사라고 판단할 수 있으니까요.

주식투자로 인한 이익

주식투자 ➡ 배당수익 + 자본차익

Q. 주식투자 수익에 대한 세금은 얼마인가요?

↳ 국내 상장 주식 매매차익에 대해서는 과세하지 않습니다.

앞으로 금융투자상품과 세금에 대한 이야기는 여러 차례 다루겠지만, 여기에서 먼저 주식투자와 세금에 대해 간단히 짚고 넘어가겠습니다. 주식을 매도하여 차익이 발생하면 그 차익은 양도차익인 셈입니다. 채권투자와 달리 주식 양도차익에 대해서는 양도소득세를 부과합니다. 하지만 국내 주식에 투자해보신 분은 아시겠지만, 우리는 주식 양도차익에 대해 양도소득세를 내지 않았습니다. 왜냐하면, '소액주주가 국내 상장 주식을 장내거래를 통해 매도할 경우에는' 양도소득세를 과세하지 않기 때문입니다. 이 조건을 충족시키지 않을 때는 매도로 인한 양도차익에 과세를 하는 거고요. 대주주의 양도차익, 소액주주의 비상장 주식 양도차익, 해외 상장 주식 양도차익 등이 여기에 해당합니다.

그렇다면, 국내 주식투자 수익에 대한 세금은 어떻게 정리할 수 있을까요? 매매차익에 대해서는 세금이 없고, 배당수익에 대해서는 15.4% 과세합니다. 다만 배당수익은 원천징수로 세금을 떼고 나머지 금액을 지급하므로 크게 신경쓰지 않아도 됩니다. 그러나 배당소득이 많은 경우에는 사정이 달라집니다. 이자소득과 배당소득을 합하여(이를 금융소득이라고 합니다) 연간 2,000만 원이 넘는 경우에는 금융소득종합과세 대상이 되니까요. 이런 경우 다른 소득과 합산하여 종합과세 대상자가 되니 고소득자인 경우 세 부담이 늘어날 수 있습니다.

해외 주식투자로 인한 매매차익에 대한 세금은 어떻게 될까요? 해외 주식투자 양도차익은 과세제외 요건에 해당하지 않습니다. 이에 양도소득세가 부과됩니다. 부동산 양도차익에 대한 과세처럼 말입니다. 양도소득세율은 22%(양도소득세 20%와 지방소득세 2%)입니다. 단, 연간 250만 원까지는 공제가 되고 250만 원 초과분에 대해 세금을 냅니다. 그리고 과세기간 1년 동안 수익부분과 손실부분을 합산하여 순수익 부분에 대해서만 과세합니다. 만약 한 해동안 해외 주식을 통한 수익과 손실이 모두 발생했다면, 이 둘을 같은 해에 매도하여 양도차익을 줄이는 전략을 취할 수 있겠네요.

구분	내용
(소액주주)국내 상장 주식 매매차익	(양도소득세)과세하지 않음
해외 상장 주식 매매차익	양도소득세 22% 과세(연간 기본공제 250만 원)

Q. 기본적 분석, 기술적 분석, 이런 게 뭔가요? 꼭 해야 하나요?

↳ 굳이 몰라도 되고, 안 해도 됩니다. 분석을 바탕으로 종목을 발굴해서
투자한다고 하더라도 항상 투자 결과가 좋은 것은 아니니까요.

위 질문에 답하기 전에, 이것부터 생각해 봅시다. '이런 분석을 내가 할 수 있을까요? 이런 분석이 쉬울까요? 이런 분석을 하고 투자한다고 해서 결과가 항상 좋을까요?' 답은 모두 '아니오'입니다. 우리는 전문투자자가 아닙니다. 각자의 직업이 있고, 전문적인 분석을 할 시간도, 능력도 없습니다. 우리는 각자의 일에 충실하면서 이를 통해 좋은 부가가치를 창출하면 됩니다. 나의 투자는 내가 일해서 돈을 버는 동안, 내 돈 중 일부가 물가 이상의 수익을 꾸준하게 내어주는 정도의, 어렵지 않고 심플한 투자여야 합니다.

하지만 이러한 분석이 도대체 뭔지는 알고 넘어갑시다. 아마 알고 나면 위에서 '아니오'라고 답한 이유가 더 명확해질 것입니다. 먼저 기본적 분석부터 이야기해 보겠습니다.

기본적 분석은 해당 기업의 '본질가치'를 찾는 데 그 목표를 두는 분석입니다. 앞서 가격과 가치를 이야기할 때 잠깐 언급했듯이, 기업의 본질가치는 자산가치(지금 존재하는 가치)와 수익가치(미래 가능성을 현재화한 가치)를 감안한 기업의 내재가치를 말합니다. 자산가치는 쉽게 말해 기업이 현재 가지고 있는 모든 자산을 합한 것을 말합니다. 수익가치는 향후 기업의 활동을 통해 올릴 수 있는 이익을 현재 가치로 환산한 것이고요. 본질가치를 구할 땐 자산가치보다 수익가치에 조금 더 가중치를 둡니다. 기업 활동에서 미래에 얻어질 수익이 얼마인지가 더 중요하다는 뜻이겠지요. 이렇게 해서 본질가치를 구하면, 현재 주가와 비교합니다. 본질가치보다 현재 주가가 낮으면 '저평가 되어있다'라고 판단하고, 본질가치보다 현재 주가가 높으면 '고평가 되어있다'라고 판

단합니다. 이처럼 해당 기업의 본질가치를 분석하여 주가의 흐름과 미래의 주가를 예측하고자 하는 것이 바로 기본적 분석입니다.

그렇다면 본질가치 분석이 쉬운 일일까요? 우리가 분석할 수 있을까요? 보통은 전문가가 분석하여 투자자에게 '현재 주가가 고평가되었다 혹은 저평가되었다' 정도의 메시지를 던집니다. PER, PBR, EPS, BPS 이런 용어 들어보셨나요? 기본적 분석을 위한 주요 개념들이지요. 암기할 필요는 없으나, 간단하게 살펴보고 넘어가겠습니다.

PER(Price Earning Ratio: 주가수익비율)

현재 주가가 해당 기업 한 주당 순이익의 몇 배가 되는지를 나타내는 지표입니다(주가/주당 순이익). 현재 주가가 1만 원이고, 주당 순이익이 1천 원이라고 가정하면 PER는 10이 됩니다. 주당 순이익이 분모입니다. 이익이 현 주가보다 높으면 PER는 낮습니다. 저 PER주는 이익에 비해 주가가 낮으니 저평가 되어있다고 판단할 수 있지요. 한때 저 PER주가 좋은 주식이라는 이야기가 많이 통용되기도 했습니다. 하지만 꼭 그런 것만은 아닙니다. 미래 성장성이 높은 기업은 현재 이익이 좋지 않더라도 미래에 대한 기대감으로 주가가 높을 수 있으니까요. 그러니 절대적인 판단기준은 아니라는 뜻입니다. 참조만 할 뿐입니다. 보통 PER는 동일업종 간 비교지표로 더 많이 이용되는 경향이 있습니다.

PBR(Price Bookvalue Ratio: 주가순자산비율)

현재 주가가 해당 기업 한 주당 순자산의 몇 배가 되는지를 나타내는 지표입니다(주가/주당 순자산). 순자산은 총자산에서 총부채를 뺀 것이고요. PBR도 PER처럼 순자산이 분모이니, 순자산이 현 주가보다 많으면 PBR이 낮습니다. 이에 PBR이 낮으면 저평가, PBR이 높으면 고평가 되어있다고 판단합니다.

EPS(Earning Per Share: 주당 순이익)

당기순이익을 주식 수로 나눈 값을 말합니다. PER 산식의 분모에 해당합니다. EPS는 높은 게 좋습니다. 순이익이 높다는 뜻이니 당연하겠지요?

BPS(Bookvalue Per Share: 주당 순자산가치)

기업의 순자산을 주식 수로 나눈 값을 말합니다. PBR 산식의 분모에 해당합니다. BPS도 EPS처럼 높은 게 좋습니다. 순자산이 많다는 뜻이니까요.

'네이버증권'에서 종목을 검색하면 PER, PBR, EPS, BPS는 쉽게 살펴볼 수 있습니다. 다시 한번 강조하지만, 이런 지표들은 참조만 할 뿐이지, 종목선택에 있어 절대적 기준이 될 수 없습니다. 이런 것을 아무리 분석해도 예측할 수 없는 게 주가니까요.

이제 기본적 분석이 어떤 것인지 대략 이해하셨을 겁니다. 이번에는 기술적 분석에 대해 설명해 보겠습니다.

기술적 분석이란 과거 주식의 가격이나 거래량 같은 자료를 이용하여 주가 변화의 추세를 발견해내고, 이를 바탕으로 미래의 주가를 예측하는 방법입니다. 통상 차트 분석이 여기에 해당되지요. 기술적 분석은 과거의 주가 추세나 패턴이 반복되는 경향을 가지고 있다는 것을 전제합니다. 생각해 봅시다. 과연 주가의 추세나 패턴이 반복된다고 해서, 미래에도 과거의 흐름과 비슷한 추세나 패턴이 항상, 계속해서 이어질까요? 해당 분석은 가정부터 이상합니다. 이러한 가정에 의문을 품지 않을 수 없습니다. 누누이 강조하지만, 주식시장은 그냥 모르는 겁니다. 예측하기 힘든 겁니다. 따라서 기술적 분석은 논할 필요가 없고, 논하지 않는 게 맞다고 생각합니다.

지금까지 주식투자에서 많이 거론되는 기본적 분석, 기술적 분석에 대해 살펴보았습니다. 굳이 할 필요도 없고, 이를 투자판단에 참조한다고 해도 항상 좋은 결과를 가져오는 것도 아니라고 말한 이유가 이제 이해되시나요?

그럼 어떤 종목에 투자하면 되냐고요? 그건 저도 모릅니다. 그리고 종목투자를 그리 선호하지도 않습니다. 이렇게 말할 수 있는 근거는 앞서 투자위험에서 다루었던 것처럼, 종목투자는 체계적 위험에 비체계적 위험을 더하는 꼴이 되기 때문입니다. 투자에서 위험을 줄이는 것은 너무 중요합니다. 하지만 투자자라면 체계적 위험을 완전히 제거하기란 불가능합니다. 따라서 제거할 수 있는 비체계적 위험이라도 줄여야 합니다.

그래도 종목투자를 하고 싶다면, 차라리 이렇게 접근하는 것이 나을지도 모르겠습니다. 주가는 기업의 현재 먹거리와 미래 먹거리가 많으면 오를 가능성이 높습니다. 이걸 어떻게 알 수 있냐고요? 사람들이 어떤 기업의 제품에 돈을 많이 쓰는가를 살펴보면 됩니다. 사람들이 미국의 애플 제품을 선호하면 애플 주가는 오릅니다. 전기차 수요가 늘어나면 전기차 완성품이든 부품을 만들어 공급하는 회사든 관련된 회사의 주가가 오릅니다. 전 세계 사람들이 K-문화에 열광하면 관련 회사의 주가가 오릅니다. 투자는 먼 미래의 이익을 기대하며 돈을 던지는 행위입니다. 하기도 어렵고, 할 수도 없는 분석에 매달리기보다, 차라리 그런 기업에 내 돈을 던지는 편이 낫지 않을까요?

Q. IPO가 뭔가요?

↳ 기업의 주식을 상장하기 위하여 외부 투자자에게 기업의 상황을 공개하는 것을 말합니다.

여러분이 좋은 아이템으로 주식회사를 만들었다고 가정해 보세요. 이때 주주는 통상 여러분과 여러분의 가족이나 지인 등이 됩니다. 회사 초창기에는 외부 사람들이 회사를 잘 모릅니다. 그러나 운용을 잘하고 이익이 많이 나는 회사가 되고 나면, 외부 사람에게도 알리고 그들을 주주로 참여하게 하고 싶어집니다. 회사의 성장을 위해 많은 사람들로부터 원활하게 자금조달을 받고 싶다는 뜻입니다. 이처럼 비상장기업이 상장기업이 될 수 있도록 외부인에게 기업을 공개하는 것을 기업공개, IPOInitial Public Offering라고 합니다.

IPO를 하면 무엇이 좋을까요? 일단 기업 입장에서 대규모 자금조달이 가능해집니다. 조달한 자금으로 기업은 하고 싶은 일을 더 적극적으로 할 수 있습니다. 또 엄격한 상장심사를 통과하여 상장되면 기업 신뢰도와 평판이 좋아집니다. 기업홍보 효과도 있고요. 또 해당 기업 임직원의 사기진작에도 도움이 됩니다. 상장기업에 다니는 거니까요. 반면, 단점도 있습니다. 다수의 일반투자자가 주식을 매수할 수 있으니 경영권 리스크에 노출될 위험이 있습니다. 그리고 회계감사를 받는 등 외부적 규율을 준수해야 합니다. 내 마음대로 운영하기 어려워지는 거죠.

'공모주 청약'이라는 말 들어보셨지요? 공모주 청약이란 말 그대로 공개 모집하는 주식을 청약한다는 뜻입니다. 기업이 IPO를 하면 해당 주식을 공모가에 살 수 있는 권리를 청약하겠다는 겁니다. 기존 재고 주택을 구입하는 것보다, 청약을 통해 신규 주택을 구입하는 것이 더 저렴한 것처럼 공모주 청약은 주식을 공모가에 싸게 살 수 있다는 이점이 있습니다(물론 상장 이후 공모가보다 주가가 하락하는 경우도 많습니다). 그러니 소위 유명기업이 IPO 한다고 하면 청약경쟁률이 엄청난 거죠. 많은 돈을 증거금으로 넣어도 겨우 1, 2주 받기 십상인 경우도 많고요. 공모주 청약에 참여하는 많이 사람들이 '따상(신규 상장하는 종목이 거래 첫날 공모가 대비 두 배로 시초가가 형성된 후 상한가에 도달하는 것)'을 바랍니다. 설령 내가 청약한 공모주가 따상을 기록했다 하더라도, 그 이후 주가가 곤두박질치는 경우도 흔합니다. 기업의 성장동력이 기대보다 약하면 당연히 그럴 수 있겠지요. 결국 주가는 기업의 가치에 수렴합니다. 주식에 투자한다면, 종목의 특정 이슈보다 장기적으로 내가 주주가 되어 응원하고 싶은 기업, 응원의 결과가 좋아서 나도 함께 해당 기업의 성과를 공유할 수 있는 그런 기업에 투자하는 것이 좋지 않을까요?

Q. 우리나라 주식시장에 대해 설명해 주세요.

↳ 주로 대형주가 거래되는 코스피 시장과
중소형 기술주 등이 거래되는 코스닥 시장이 있습니다.

주식시장이 뭔가요? 말 그대로 주식이라는 상품이 거래되는 시장입니다. 채권이 거래되는 시장을 채권시장, 외환이 거래되는 시장을 외환시장이라고 부르는 것처럼요. 앞서 채권시장은 발행시장과 유통시장이 있다고 했습니다. 주식시장도 마찬가지입니다. 주식을 처음 찍어내는 발행시장과 주식이 유통되는 유통시장이 있습니다. 흔히 뉴스 등에서 본 거래소의 모습은 유통시장의 모습이고요. 유통시장은 다시 장외시장과 장내시장으로 나누어지는 데 보통 우리가 말하는 주식시장은 바로 이 장내시장, 즉 거래소 시장을 말합니다.

한국거래소KRX를 들어보셨나요? 우리나라의 유일한 금융거래소입니다. 주식, 채권, 파생상품이 거래되는 시장이지요. 한국거래소의 주식시장은 크게 유가증권시장, 코스닥 시장, 코넥스 시장으로 구분됩니다.

유가증권시장이 바로 많이 들어보셨을 코스피KOSPI시장을 말합니다. 유가증권시장의 종합주가지수가 '코스피 지수'이고요. 코스피 지수는 1980년 1월 4일 시가총액을 기준시점으로 현재의 지수를 산출하고 있습니다(기준 지수 100). 코스피200 지수도 들어보셨나요? 코스피200 지수는 한국을 대표하는 200개 기업의 시가총액을 지수화한 것을 말합니다. 유가증권시장의 전 종목 가운데 시장 대표성, 유동성, 업종 대표성을 선정 기준으로 하여 시가총액이 상위군에 속하고 거래량이 많은 종목을 선정합니다. 이에 코스피200 지수의 움직임은 종합주가지수의 움직임과 거의 같다고 볼 수 있습니다.

코스닥 시장은 IT Information Technology, BT Bio Technology, CT Culture Technology 기업과 벤처기업의 자금조달을 목적으로 1996년 개설된 첨단 벤처기업 중심의 시장을 말합니다. 코스닥 시장에 입성한다는 것은 기업의 기술력과 성장 잠재력을 인정받았다는 뜻이 되기도 합니다. 코스닥 시장의 지수가 바로 코스닥 지수입니다. 코넥스 시장은 다소 생소할 듯합니다. 이는 초기 중소벤처기업의 성장지원 및 모험자본 선순환 체계 구축을 위해 개설된 초기 중소기업 전용 신시장을 의미합니다.

혹시 KRX300 지수 들어보셨나요? KRX300 지수는 우리나라 주식시장을 대표하는 벤치마크 주가지수로 유가증권시장과 코스닥 시장에 상장된 종목 중에서 각 부문별로 우량기업을 선정하여 총 300개 종목으로 구성한 지수입니다.

우리나라 기업은 굉장히 많습니다. 그중 주식시장에 상장되어 거래되고 있다는 건 까다로운 상장요건을 통과한 건실한 기업이라는 이야기겠지요. 물론 상장했다고 하더라도 요건에 부합되지 않으면 상장폐지가 되기도 하고요. 우리가 국내 주식에 투자한다는 건, 이렇게 시장에 상장된 주식을 거래한다는 뜻입니다.

앞서 투자위험과 수익을 공부할 때 코스피와 코스닥 지수의 위험과 수익의 차이를 비교해 보았습니다. 코스피에 비해 코스닥 시장에 상장된 종목들의 변동성이 더 큽니다. 높은 변동성은 기회의 요인이 되기도 하지만 상당한 위험을 수반합니다. 이에 초보투자자가 잘 모르면서 미래 성장 가능성만 믿고 코스닥 종목에 집중투자하는 것은 바람직한 투자판단이라고 보기 어렵습니다.

Q. 미국 주식시장에 대해서도 설명해 주세요.

↳ 뉴욕증권거래소(New York Stock Exchange: NYSE)와 나스닥(NASDAQ)이 대표적인 미국증권거래소입니다.

요즘은 미국 주식투자자가 꽤 많아 미국 시장에 대한 낯섦이 좀 덜 한 듯하지만, 그래도 국내 시장에 비하면 생소할 테니 미국 주식시장에 대해서도 살펴보겠습니다. 일단 규모 면으로 세계에서 가장 큰 시장입니다. 그것도 압도적으로 큽니다. 전 세계 주식시장 규모의 거의 절반 정도를 차지하고 있으니까요. 이는 미국 시장이 전 세계 증시에 미치는 영향력을 짐작할 수 있는 대목이기도 합니다.

뉴욕증권거래소New York Stock Exchange: NYSE와 나스닥NASDAQ은 대표적인 미국증권거래소입니다. NYSE는 뉴욕 월가에 위치한 세계 최대 규모의 거래소이자, 가장 오래된 주식시장입니다. 미국 기업뿐만 아니라, 세계 여러 나라의 기업 주식이 상장되어 거래되고 있고요. NASDAQ은 시가총액 기준, 세계에서 두 번째로 큰 증권거래소이지만, 상장된 기업과 주식거래량은 가장 많은 시장입니다. 애플, 마이크로소프트, 아마존, 테슬라, 구글 등 우리에게 익숙한 IT기업들이 많이 상장되어 있는 시장이지요.

한국거래소는 코스피와 코스닥 시장을 모두 관장합니다. 하지만 미국 뉴욕증권거래소와 나스닥은 별개의 시장이며 경쟁 관계에 있는 시장입니다. 얼핏 NYSE가 우리나라 코스피 시장 같은 느낌이라면, NASDAQ은 우리나라 코스닥 시장 같은 느낌이랄까요. 하지만 NASDAQ은 원 주식시장을 위협할 만큼 성공한 시장인 반면, 코스닥은 아직까지 그렇진 않습니다. 그래도 코스닥은 다른 나라들에 비해서는 성장하는 신시장으로 평가받고 있습니다.

미국의 주식시장을 대표하는 지수는 다우존스 산업평균지수(다우 지수), S&P500 지수, 나스닥 지수입니다. 먼저 다우 지수는 가장 오래된 주가지수로 미국 대표기업 30개만을 편입하고 있습니다. S&P500 지수는 뉴욕증권거래소와 나스닥에 속한 미국 주요 500개 기업의 주식을 편입하고 있는 가장 대표성과 활용성이 높은 지수입니다. 나스닥 지수는 뉴욕증권거래소를 제외한 나스닥 시장에 편입된 약 3,000개 이상의 기술기업, 성장기업의 주식을 편입하고 있는 지수입니다(나스닥100 지수는 나스닥에 상장된 대표기업 100개를 별도로 모아 만든 지수입니다).

다우 지수는 편입 종목이 불과 30개 밖에 되지 않아 전통 지수라는 상징성은 있지만, 활용성 측면에서 좀 떨어집니다. 개인투자자가 미국 시장에 투자한다면, S&P500 지수나 나스닥100 지수에 투자하는 것이 보편적입니다.

시장과 지수

	거래소	시장	지수
한국	한국거래소(KRX)	유가증권(코스피) 시장	KOSPI 지수
		코스닥 시장	KOSDAK 지수
미국	뉴욕증권거래소(NYSE)	NYSE 시장 & NASDAQ 시장	다우존스 산업평균 지수 S&P500 지수
	나스닥(NASDAQ)	NASDAQ 시장	NASDAQ 지수

Q. 국내 주식시장과 미국 주식시장의 운영시간은 몇 시부터 몇 시까지인가요?

　↳ 국내 정규장은 오전 9시부터 오후 3시 반까지 미국 정규장은 미 뉴욕(동부시간) 기준, 오전 9시 반부터 오후 4시까지입니다(한국시간 기준, 밤 11시 반부터 다음 날 새벽 6시까지).

우리나라는 코스피, 코스닥 동일하게 오전 9시부터 오후 3시 반까지 주식거래를 할 수 있습니다(월요일부터 금요일까지). 수능 시험과 같이 특별한 경우에는 1시간 늦게 시작되기도 하고요. 미국 주식시장은 뉴욕, 즉 동부시간을 기준으로 월요일부터 금요일까지, 오전 9시 반부터 오후 4시까지 운영됩니다. 이를 우리나라 시간으로 환산하면 밤 11시 반부터 그다음 날 새벽 6시까지입니다. 미국은 봄부터 가을까지 1시간 앞당겨 하루를 시작하는 서머타임(3월 2주 차 일요일부터 11월 1주 차 일요일까지)을 적용합니다. 이때는 한국시간으로 밤 10시 반부터 새벽 5시까지가 운영시간입니다.

예전엔 미국 주식을 실시간으로 거래하려면 늦은 밤까지 기다려야 했습니다. 하지만 낮 시간에 미국 주식을 거래할 수 있는 증권사들이 많이 생겼습니다. 따라서 이제 미국 주식투자하려고 밤까지 기다리지 않아도 됩니다. 해외 주식을 거래하려는 개인투자자가 그만큼 많아졌다는 뜻이겠지요.

Q. 미국 주식시장은 우리와 달리 하락했을 때 빨간색으로 표시한다면서요?
　↳ 미국은 상승 시 초록색, 하락 시 빨간색으로 표시합니다.

'분명히 하락했는데, 왜 빨간색이지?' 가끔 미국 주식 차트를 보고 이렇게 의문을 가지는 사람들이 있습니다. 네, 맞습니다. 미국은 우리와 달리 하락 시 빨간색으로 표시합니다. 상승 시 초록색(혹은 파란색[6])으로 표시하고요.

주식 상승 색깔을 빨간색으로 표시하는 대표적인 나라는 우리나라와 일본입니다. 그러나 서구권 나라들은 미국과 같은 방식을 취하는 경우가 많습니다. 서구권에서는 빨간색을 '피'로 인식하는 경향이 높습니다. 위험하거나 좋지 않은 의미인 거죠. 신호등 빨간색이 '위험, 정지'를 뜻하는 것처럼요. 그래서 미국 시장이 좋지 않은 날이면 'Bloody day'라고 표현하곤 합니다. 반면, 동양권에서는 빨간색을 '길'한 것으로 보는 경향이 있습니다. 우스갯소리로 증권사 입사면접 때는 파란 넥타이 말고, 빨간 넥타이를 매야 한다는 말도 있었죠.

앞으로는 미국 주식 관련 차트를 어디선가에서 봤을 때, 색깔 때문에 혼동하는 경우는 없겠지요?

---

6) 대형우량주를 '블루칩'이라 하는 이유도 같은 맥락에서입니다.

Q. 외국인도 우리 증시에 영향을 미칠 수 있는 주된 거래 주체인가요?

↳ 개인, 기관과 더불어 외국인은 주식시장의 주된 수급주체입니다.

국내 주식시장의 주된 투자자는 개인, 기관, 외국인입니다. 개인은 말 그대로 주식시장에서 거래하는 개인을 말하고요(흔히 개미투자자라고들 하지요). 기관은 은행·증권과 같은 금융기관, 국민연금·사학연금과 같은 연기금이 기관투자자에 해당합니다. 외국인은 외국의 기관투자자를 말합니다. 글로벌 투자은행, 글로벌 펀드 운용사 등이지요. 흔히 알고 있는 JP모건, 메릴린치 등이 여기에 해당합니다. 외국인은 자금이 엄청나게 풍부합니다. 이에 이들이 거래에 가세하면 우리 시장에 미치는 영향이 상당히 큽니다. 통상 외국인의 매수가 많은 날에는 시장 상승 확률이 높고, 매도가 많은 날에는 하락 확률이 높다고 여겨지고 있지요.

투자자별 매매동향은 쉽게 찾아볼 수 있습니다. 네이버 증권에서도, 거래하는 증권사 앱 등을 통해서도 가능합니다. 혹 '쌍끌이 매수', '쌍끌이 매도'라는 말 들어보셨나요? 쌍끌이 매수는 외국인과 기관이 동시에 매수하는 모습을 일컫습니다. 매수 세력이 많다는 것은 주식 수요가 늘어난다는 거니 주가에는 긍정적 신호겠지요. 이렇게 수급 데이터상 개인보다 기관과 외국인의 매수가 많아 상승한 경우를 상승 퀄리티 측면에서 조금 더 좋게 보는 경향이 있는 듯합니다. 그래서 '전일 외국인 순매수 상위 몇 종목', '기관 순매수 상위 몇 종목' 등을 보여주는 거고요. 하지만 중요한 것은 수급 데이터를 통해 미래를 예측할 수는 없다는 사실입니다. 수급 데이터는 어디까지나 과거의 현상을 설명하는 것일 뿐이니까요.

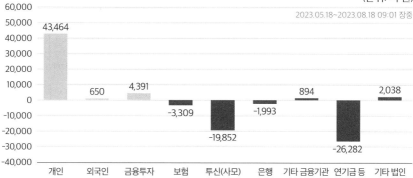

투자자별 매매동향 예시

(단위: 억 원)

2023.05.18~2023.08.18 09:01 장중

개인 43,464
외국인 650
금융투자 4,391
보험 -3,309
투신(사모) -19,852
은행 -1,993
기타 금융기관 894
연기금 등 -26,282
기타 법인 2,038

자료: 네이버 증권

Q. 공매도가 도대체 뭔가요?

↳ 주가 하락 예상 시, '선 매도, 후 매수' 방법으로 수익을 얻는 투자기법입니다.

'잘나가던 주가에 공매도 세력이...' 이와 비슷한 내용의 기사를 본 적 있으실 겁니다. 도대체 공매도가 뭘까요? 공매도에서 공은 '호(빌 공)', 말 그대로 '없는 것을 판다'라는 의미입니다. 물건을 가지고 있지도 않은데 어떻게 팔 수 있을까요? 보통 무언가를 사야만 팔 수 있는 건데 말이죠.

예를 들어볼게요. 현재 100만 원 하는 물건이 있다고 가정해 봅시다. 그런데 이 물건의 가격이 조만간 떨어질 것 같아요. 그래서 나는 이 물건을 가지고 있는 사람에게 10개를 빌려서 팔기로 결정합니다(10개 × 100만 원 = 1,000만 원). 빌린 물건은 갚아야겠죠? 그런데 다행히도 내 예상처럼 물건 가격이 하락하여 50만 원이 됩니다. 이제 나는 50만 원에 10개를 사서(10개 × 50만 원 = 500만 원) 빌린 친구에게 갚습니다. 나는 결과적으로 500만 원 이득을 보았습니다. 공매도가 바로 이러한 원리를 이용해 돈을 버는 방식입니다.

'나에게 없는 주식을 빌려서 팔고, 나중에 주가가 하락하면 싼값에 사서 다시 갚는 것' 이것이 바로 공매도입니다. '주식을 어떻게 빌리지?' 이런 생각이 드시나요? 공매도의 주된 세력은 개인이라기보다 기관이나 외국인 투자자입니다. 개인은 주식을 빌리는 것이 원활하지 않지만, 기관이나 외국인은 주식을 상대적으로 쉽게 빌릴 수 있습니다. 주가 하락기에 기관이나 외국인의 공매도가 무서운 이유는 이들의 공매도가 가뜩이나 하락하는 주가를 더 떨어뜨리기 때문입니다.

공매도는 주가가 하락해야 이익을 보니, 공매도를 일으킨 쪽은 주가 하락을 바라겠지요. 이에 해당 기업에 대한 나쁜 소문이나 루머를 의도적으로 유포할 수 있습니다. 만약 공매도 이후 주가가 예상과는 달리 오르면 어떻게 될까요? 빌린 주식을 사서 다시 갚아야 하는데 되려 올라버렸으니 빌린 걸 갚아주기 어려운 '채무불이행' 리스크가 발생합니다.

공매도가 무조건 시장에 나쁜 영향만 미칠까요? 꼭 그렇지만은 않습니다. 공매도는 시장에 부정적 시그널을 전파하는 셈입니다. 만약 부정적 시그널이 만들어지지 않고 긍정적 시그널만 넘친다면 아마 이내 시장엔 거품(버블)이 형성될 것입니다. 언젠가 이 거품은 꺼질 수밖에 없는데, 거품이 꺼지는 과정에서의 고통은 더 클 수 있겠지요. 이에 공매도는 효율적 시장형성에 있어 긍정적 역할을 한다고 여겨지기도 합니다.

하지만 공매도로 인해 피해를 보는 쪽은 주로 개인투자자입니다. 개인투자자가 많이 산 종목을 공매도하는 경우가 많으니까요. 공매도로 주가가 더 떨어지면, 개인은 버티기 힘들어지고 주가는 더 하락하게 되지요. 이 상황에서 공매도 주체는 싼값에 주식을 사서 이득을 챙깁니다. 공매도를 보는 시선이 결코 좋을 수가 없는 이유입니다.

Q. 빚내서 주식투자하면 안 되나요?

↳ '빚투'는 단기적 시세차익을 목표로 합니다. 그러니 절대 투자 성공으로 이어지기 어렵습니다.

　뉴스에서 '신용잔고가 늘었다'는 말을 종종 들어보셨을 겁니다. 신용잔고가 뭘까요? 신용잔고는 신용거래를 한 투자자가 증권회사에 갚아야 할 부채를 의미합니다. 이 부채는 통상 빌려서 매수한 가격보다 매도가격이 높아야 갚습니다. 만약 이러한 상황이 되면 지체하지 않고 갚으려 합니다. 빌린 돈이니 이자 부담이 있으니까요. 신용잔고가 늘어난 종목은 주가가 조금만 상승해도 곧 매도세력이 많아질 것임을 짐작할 수 있는 대목입니다. 이처럼 신용잔고는 투자라기보다 투기성(단기적 시세차익을 바라는) 자금에 가깝습니다.

　빚내서 주식투자, 즉 빚투는 이처럼 단기적 시세차익을 바라고 테마성 종목에 많이 집중되는 경향이 있습니다. 특정 종목이 무섭게 상승하는 상황에서 매수 기회를 놓쳤다고 생각하는 사람들의 흔한 투자행태이지요. 테마성 종목은 쉽게 달아오르고, 쉽게 꺼집니다. 변동성이 엄청나지요. 이런 종목에 투자하기 위해 빚투를 한다? 십중팔구 투자실패를 부릅니다. 투자는 내 여유자금으로, 충분한 시간을 가지고 해야 합니다. 절대 남의 돈으로, 촉박하게 해서는 안 됩니다.

Q. 언제 살까요(투자할까요)?
↳ 투자목표가 명확하고(투자기간 확보), 투자할 자금이 있으면 '지금' 투자해도 됩니다.

상당히 어려운 질문이네요. 우선 언제 사고 언제 팔지, 그 시점은 아무도 모른다고 말하고 싶습니다. 다만 투자하고자 할 때 누구나 이런 생각을 하게 될 테니, 질문에 대한 답은 찾아가 보겠습니다.

'언제 살까요?' 우리는 싸게 사야 좋다는 걸 알고 있습니다. 하지만 언제가 싼지는 알기 어렵습니다. 지금 싸 보여도 더 싸질 수 있는 거니까요. 그 시점을 노리다 영영 투자하지 못하는 경우가 되기 십상입니다. 이보다는 '내 투자목표가 명확하고, 투자할 자금이 있으면 그 시점에 바로 투자하면 된다'라고 말하고 싶습니다. 어차피 중장기 재무목표를 위해 투자합니다. 투자할 시간적 여유를 많이 확보할 수 있다는 뜻이지요. 매수시점보다 더 하락하는 상황이 와도, 중장기적으로 시장은 우상향한다는 믿음이 있으니까요. 단, 이는 시장 전체에 투자했을 때 가능합니다. 특정 종목을 장기투자한다고 해서 모두 우상향하는 것은 아니라는 이야기입니다. 이 부분은 뒤에서 조금 더 자세히 다루겠습니다.

한꺼번에 왕창 사지 말고, 나누어 사는 것도 중요합니다. 투자시점을 분산하는 거지요. 1,000만 원을 일시에 사지 말고, 100만 원 혹은 50만 원으로 나누어 정기적으로 투자하는 적립식 투자 방법을 사용하자는 뜻입니다.

적립식 투자를 쉽게 설명하면 이렇습니다. 매월 25일 월급날에 50만 원을 코스피 시장에 투자한다고 가정해 봅시다. 매월 투자하는 날의 코스피 지수는 동일하지 않습니다. 어느 달은 지수가 높고, 어느 달은 낮습니다. 투자금 50만 원으로 지수가 높은 달엔(비쌀 때) 적은 수량을, 지수가 낮은 달엔(쌀 때) 많은 수량을 매수합니다. 이렇게 매월 50만 원으로 주식 수를 늘려나갑니다. 시장이

상승할 경우, 모은 주식 수의 평가금액이 높아져 좋습니다. 시장이 하락하면 같은 돈으로 더 많은 주식을 살 수 있으니 괜찮습니다. 이게 바로 적립식 투자 방법입니다. 시장은 변동해도, 적립식 투자는 변동성 극복을 가능하게 합니다. 변동에 따른 불안감도 줄여줍니다.

거치식 투자(한꺼번에 투자)는 투자 후 시장이 상승하기만 하면 적립식 투자보다 더 큰 성과를 냅니다. 하지만 시장이 이렇게만 굴러가지 않죠. 시장은 항상 오르락 내리락 합니다. 이러한 시장에서 적립식 투자는 거치식 투자보다 평균매수가격을 낮춰줍니다. 그렇기에 적립식 투자가 변동하는 시장에서 성과를 낼 수 있는 투자 방법입니다.

거치식 투자

월	매수가격	투자금액	주식 수
1월	10,000원	2,000,000원	200

적립식 투자

월	매수가격	투자금액	주식 수
1월	10,000원	1,000,000원	100
2월	8,000원	1,000,000원	125
평균	9,000원	2,000,000원	225

Q. 언제 팔까요?
↳ 우선적으로 재무목표가 매도 시기 판단의 기준점이 될 수 있습니다.
자신만의 매도원칙을 수립하여 실천하는 것도 좋습니다.

매수 시기 판단보다 더 어려운 판단이 매도 시기 판단이라고 생각합니다. 오죽하면 '매수는 기술이고 매도는 예술이다'라는 말도 있겠습니까? 그런데 앞서 차근차근 살펴보았던 투자기초로 돌아가서 생각해보면, 답은 의외로 쉽게 도출됩니다. 투자는 아이를 키우는 것과 같다고 했습니다. 그렇다면 아이를 정성껏 키워서 홀로 독립할 수 있도록 놔주는 시점 정도가 투자를 마무리할 시점이 아닐까요?

그런데 투자를 마무리할 시점, 즉 투자자로서의 시장 참여를 마무리하는 시점과 증권의 매도 시점은 구분해야 할 듯합니다. 워런 버핏도 10대 중반부터 90살이 넘은 지금까지 계속 투자자로 시장에 참여하고 있습니다. 그 기간 중 숱하게 매수와 매도를 반복해 왔겠지요.

금융투자상품의 매도 시기 판단 기준은 우선적으로 '재무목표'가 되어야 합니다. 투자는 중장기 재무목표 달성을 위해서 하는 거니까요. 7년 내 주택자금 1억 원을 만들겠다는 목표를 세웠다고 가정해 봅시다. 부족한 자금은 대출을 받더라도 최대한 내 힘으로 많은 자금을 만들어보고자 합니다. 목표 기간이 7년이니 안정성보다 수익성을 추구해야 합니다. 이 목표 달성을 위해 대략 나는 월 100만 원 정도 투자할 수 있습니다. 매월 100만 원을 국내와 미국 시장지수 ETF에 반반씩 투자한 결과 예상보다 빠르게 5년 만에 1억 원이 만들어졌습니다. 어떻게 할까요? 매도해도 될까요? 네, 해도 됩니다. 목표한 금액이 만들어졌으니 시장 상황에 관계없이 매도해도 됩니다. 이처럼 매도 시기 판단기준은 우선적으로 재무목표가 될 수 있습니다. 재무목표가 매도 시기 판단의 기준점이 되는 셈이지요.

간혹 스스로 정한 목표수익률이 달성되었을 때 매도하는 사람도 있습니다. 전액 매도를 할 수도 있지만, 이익이 난 일부를 매도하기도 하고요. 이 방법이 자신의 매도원칙이라면 이것도 괜찮습니다. 다만 매도 후 다시 싸게 사려고 작정했다면, 머뭇거리다 다시 매수할 기회를 놓치는 경우가 많다는 사실도 기억해야겠지요. 차라리 시장 변동성을 극복하면서 더 큰 열매를 맺길 원한다면 그냥 내버려 두는 게 나을 수도 있습니다.

Q. 하지 말아야 할 주식투자 방법이 있다면?
↳ 비체계적 위험과 심리위험을 높이는 투자는 지양하세요.

상당수의 주식투자자는 투자수익보다 손실을 더 많이 경험합니다. 왜 그럴까요? 주된 이유는 주식투자에 임할 때, 주식투자를 통한 수익만 생각했지, 위험은 쉽게 간과했기 때문입니다.

투자위험은 크게 체계적 위험과 비체계적 위험으로 나눌 수 있다고 했습니다. 투자자라면 통제 가능한 개별 종목의 위험, 즉 비체계적 위험을 줄이는 전략이 반드시 필요합니다. 한두 종목에 집중투자하는 투자자는 비체계적 위험에 많이 노출됩니다. 상당수의 개인투자자가 이러한 투자행태를 보이지요. 그래서 개인투자자의 투자성과가 썩 좋지 않은 겁니다.

더불어 투자행동에서 나타나는 심리적 편향을 줄이기 위해 노력해야 합니다. 투자는 심리게임이라고 해도 과언이 아닙니다. 심리위험을 다스리는 나만의 투자 원칙이 없다면, 심한 폭우가 아닌 보슬비에도 사정없이 흔들립니다. 심리적 편향은 누구에게나 있습니다. 이를 이상하게 생각하지 마시고, 잘 다스릴 수 있는 나만의 투자 원칙을 먼저 세우십시오. '자주 들여다보지 않기, 친구 따라 강남 가는 식의 투자하지 않기, 빚내서 투자하지 않기, 시장이 흔들릴 땐 투자기초 다시 공부하기' 등이 바로 나만의 투자 원칙이 될 수 있습니다.

주식투자, 이렇게는 하지 마세요!

- 비체계적 위험을 높이는 투자
- 심리위험을 높이는 투자

Q. 주식투자, 어떻게 해야 할까요?

↳ 시장투자로 장기투자하세요.

자산 성장을 돕는 건강한 투자 원칙은 바로 '시장투자로 장기투자하기'입니다. 투자, 절대 복잡하고 어렵게 할 필요 없습니다. 나와 함께 내 돈도 꾸준히 일해서 성장해주길 바란다면 이 심플한 투자 원칙을 지키는 것이 좋습니다.

앞서 이미 여러 번 시장에 투자해야 함을 강조했지만, '시장투자'에 대해 조금 더 자세히 설명하겠습니다. 코스피, 코스닥, S&P500, 나스닥 지수는 한국과 미국의 대표적 시장 지수입니다. 코스피200이라는 시장 지수에 투자한다는 말은 지수에 편입된 200개 기업에 모두 투자한다는 의미입니다. 이 경우 시장 전체에 영향을 미치는 체계적 위험은 회피하기 힘듭니다. 하지만 몇몇 종목에 집중투자해서 생기는 비체계적 위험은 줄일 수 있습니다. 수많은 기업에 분산투자하는 셈이니까요.

투자에서 장기투자는 하나의 '국룰'입니다. 그런데 장기투자가 항상 정답일까요? 그건 아닙니다. 10년 이상 장기투자해도 수익은 커녕 손실을 보는 경우도 허다합니다. 우리가 잘 아는 좋은 기업인데도 말이지요. 문제는 '무엇으로 장기투자하느냐'입니다.

아래의 그래프는 각각 어떤 종목의 10년 동안의 주가 움직임입니다. ①과 ②는 10년이란 오랜 기간을 투자해도 그 결과가 좋지 않습니다. ①의 경우 오히려 10년 전보다 지금 주가가 낮습니다. ③은 10년 동안 주가의 우상향 모습이 관찰됩니다. ①과 ②는 각각 국내와 미국의 대표적인 자동차 회사의 주가 움직임입니다. 모두 글로벌 리딩기업인데도 이런 모습입니다. ③은 미국의 대표적 시장 지수인 S&P500 지수의 주가 움직임입니다. 주가에 영향을 미치는 요인은 너무나 많고 복잡해서 개별 종목의 주가 움직임은 아무리 탄탄하고 좋은 기업이라고 하더라도 예측하기 어렵습니다. 하지만 많은 상장주식이 거래되는 시장은 장기적으로 우상향합니다. 세상이 진보하니까요. 개별 기업의 흥망성쇠는 있을 수 있으나, 전체 시장은 성장한다는 의미입니다.

개별 종목 주가와 시장 지수의 장기성과 비교

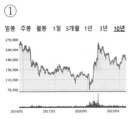

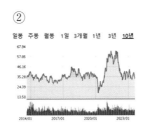

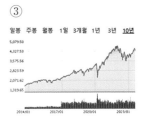

자료: 네이버 증권

종목투자로 장기투자해도 그 결과가 좋지 않을 수 있습니다. '무엇으로 장기투자하느냐'에서 무엇은 반드시 '시장투자(시장 지수 투자)'가 되어야 합니다. 개별 종목이 아닌 시장 지수로 장기투자해야 합니다. 이 투자는 어렵지 않습니다. 종목을 고르느라 머리 아프지 않아도 됩니다. 내가 고른 종목의 주가 하락 때문에 스트레스 받지 않아도 됩니다. 시장의 변동성에 일희일비하지 않아도 됩니다. 마음 편히 투자할 수 있습니다.

꾸준한 자산성장을 위한 투자 원칙
시장투자로 장기투자하기

굳이 종목투자를 하고 싶다면, 이 질문부터 던져보세요!

종목선택 기준이 되면 좋을 질문들

- 성장하는 산업인가?
  ⇨ 사람들은 어떤 산업, 어떤 기업의 제품에 돈을 쓰는가?
- 해당 산업의 일등기업인가?
  ⇨ 해당 산업에서 그 기업은 어떤 위치를 차지하고 있는가?
- 꾸준히 배당금을 주고 있는 기업인가?
  ⇨ 기업의 이익을 주주들과 공유하는 기업인가?
- 기업문화가 좋고, 경영진이 윤리적인가?
  ⇨ 기업의 양적 지표와 더불어 질적 지표도 양호한가?

이 질문들은 우리가 지금도 이익을 잘 내고 있고, 미래에도 이익을 낼 기업을 찾기 위해 던질 수 있는 질문입니다. 그 기업들의 성장 잠재력을 믿고 기꺼이 내 돈 중 일부를 던질 수 있다면 던져도 됩니다. 다만 그 기업의 주가가 본질가치에 수렴하기까지는 꽤 많은 시간이 걸릴 수 있습니다. 아이를 키우듯 정성을 다해, 인내하며 기다려야 합니다.

▚Chapter 6. 정리 한 마디

주식과 채권은 재무목표 달성을 위해 투자할 수 있는 금융투자상품입니다. 하지만 공부하지 않고 무턱대고 투자하기엔 리스크가 너무 큽니다. 주식과 채권으로 직접투자하기 보다 앞으로 공부할 간접투자가 초보자에게 더 적합한 투자 방법일 수 있습니다. 하지만 Chapter 6에서 다룬 주식과 채권에 대한 기본 내용은 반드시 이해하고 넘어가면 좋겠습니다.

Chapter 7
금융투자상품 II : 펀드와 ETF

펀드와 ETF는 주식, 채권과 더불어 개인이
투자할 수 있는 대표적인 금융투자상품입니다.
주식과 채권이 내가 직접 투자하는 직접투자상품이라면,
펀드와 ETF는 전문가가 운용하는 상품에 간접투자하는
방식의 간접투자상품입니다. 앞서 강조한 '시장 지수로
장기투자하기'를 실천할 수 있는 상품이기도 하지요.
초보투자자의 쉬운 투자를 도울 수 있는 펀드와 ETF,
꼼꼼히 잘 공부해 봅시다.

Q. 펀드가 뭔가요?
↳ 나 대신 전문가가 운용해 그 수익을 배분해주는 간접투자상품입니다.

펀드는 어떤 특정한 목적을 위해 돈이 모인 것, 즉 기금이라 할 수 있지요. 금융투자상품 중 하나인 펀드는 바로 이 기금을 의미합니다. 투자자로부터 자금을 모아서 투자 전문가인 펀드매니저가 이를 운용한 후 그 수익을 투자자에게 배분하는 금융투자상품이지요. 내 돈을 맡기면, 전문가가 대신 알아서 투자해주니 편리한 상품이기도 합니다.

직접투자할 수 있는데 왜 펀드투자를 하는 걸까요? 나름의 장점이 있기 때문입니다. 펀드의 장점은 첫째, 전문가에 의한 자산관리가 가능합니다. 펀드에 투자한다는 것은 내 자금을 관리하기 위한 최선의 전문가를 고용하는 것과 같습니다. 둘째, 분산투자가 가능합니다. 직접 주식이나 채권에 투자하려면 한정된 자금으로 몇몇 종목에만 투자할 수 있습니다. 하지만 펀드는 적은 자금으로 도 여러 종목에 투자하는 효과가 있습니다. 셋째, 매월 일정한 금액을 투자하 기에 좋습니다. 펀드는 적금처럼 매월 일정한 금액을 투자할 수 있도록 자동이 체 약정이 가능합니다. 넷째, 다양한 형태와 스타일이 있어 자신의 투자목표에 맞게 폭넓게 선택할 수 있습니다.

펀드투자의 장점

- 전문가에 의한 자산관리
- 적은 자금으로도 분산투자 가능
- 자동이체 약정으로 매월 일정한 금액 투자 가능
- 투자성향과 니즈에 맞는 상품 선택 가능

Q. 펀드도 예금자보호가 되나요?

↳ 예금자보호 대상 상품은 아니나 투자금은 여러 회사에 의해 안전하게 보호됩니다.

펀드도 금융상품이니 예금자보호가 되나 싶겠지만, 그렇지 않습니다. 먼저 예금자보호제도에 대한 내용부터 점검해 보겠습니다. 예금자보호제도란 금융 기관이 영업정지, 부실, 파산 등으로 인해 고객의 예금 인출 요구에 응하지 못 하게 될 경우 예금보험공사가 예금자보호법에 따라 대신해서 지급해주는 제도 를 의미합니다. 그런데 한도가 있지요. 인당 원금과 이자를 합하여 5천만 원까 지입니다. 또한 모든 금융상품이 보호 대상이 되는 건 아닙니다. 금융투자상품 은 대표적인 비非보호대상 상품이지요.

'펀드는 예금자보호도 안 되니, 금융기관에 문제가 생기면 어떻게 보상을 받을 수 있지?' 라는 생각이 드시나요? 하지만 펀드는 역할과 책임을 나누어지는 여러 회사들에 의해 상당히 안정적으로 관리되고 있는 금융상품이기에 걱정하실 필요는 없습니다. 오히려 예금자보호처럼 5천만 원이라는 한도도 없어 내 투자금 전부가 잘 보호되는 금융상품입니다. 투자금이 보호된다고 해서 원금이 보장된다는 뜻은 아닙니다. 금융기관에 문제가 생기면 그렇다는 뜻입니다. 이익이 났던 손실이 났던 투자 결과에 대한 책임은 투자자 본인에게 있습니다.

펀드는 투자자 보호를 위해 여러 회사들이 역할과 책임을 나누어 가집니다. 펀드 관련 회사를 살펴보면 다음과 같습니다. 자산운용사는 펀드를 만들고 운용하는 회사입니다. 그런데 자신이 만든 펀드를 자신이 판매하지 않고 증권사와 같은 판매회사에 맡겨 판매하도록 합니다. 펀드 판매를 통해 모인 자금은 자산운용사도 판매회사도 가지고 있지 않습니다. 해당 자금은 별도의 신탁회사가 맡아 관리합니다. 그 자금으로 자산운용사의 지시에 따라 자산을 취득하거나 처분하는 역할을 수행합니다.

펀드 관련 회사

구분	주요 업무
자산운용회사	펀드를 만들고, 펀드 자산의 운용 및 운용을 지시하는 회사
판매회사	투자자 성향에 맞는 펀드를 권유하고 판매하는 회사
신탁회사	펀드 자산의 보관 및 관리, 자산운용사의 지시에 따라 자산 취득 및 처분 등의 업무를 맡는 회사(주로 은행)
일반사무관리회사	펀드의 일반 사무관리 회사

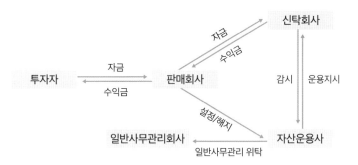

'자산운용사나 판매회사가 망하면 내 투자금을 돌려받지 못하는 건가요?'
아닙니다. 고객의 투자금은 자산운용사도, 판매회사도 아닌 신탁회사가 가
지고 있으니까요. 신탁회사는 주로 은행을 말하지요. 그런데 이 투자금은 은
행 고유 자산과 별도로 분리하여 관리되고 있기 때문에 은행이 망해도 투자금
은 안전히 지켜집니다. 펀드가 예금자보호 대상 상품이 아니지만, 안전하게 보
호된다고 이야기한 이유가 바로 이 때문입니다.

Q. 펀드 비용에 대해 설명해 주세요.
  ↳ 지급하는 방식에 따라 수수료와 보수로 나뉩니다.

펀드는 내 자금을 맡아서 관리·운용해주는 간접투자상품입니다. 따라서 이
에 따른 비용이 발생합니다. 펀드비용은 지급하는 방식에 따라 수수료와 보수
로 나뉩니다.

수수료는 주로 1회성 비용을 말합니다. 예를 들면, 투자자가 펀드를 구입할
때 판매사에게 지급하는 판매수수료 같은 것이지요. 또 펀드가 정해놓은 기간
이전에 환매할 때 부가되는 환매수수료도 여기에 해당합니다.

보수는 펀드 관련 회사 각각에 지급하는 비용이라고 생각하면 됩니다. 펀드 운용에 따른 운용보수, 판매에 따른 판매보수, 사무관리에 따른 사무관리보수, 자산의 보관·관리 등에 따른 신탁보수로 구분되며 통상 펀드 순자산가치의 일정 비율로 책정됩니다. 펀드 적립금이 늘어나면, 이에 따른 보수도 늘어나는 구조입니다. 그러니 보수가 낮은 펀드를 선택하는 것이 좋겠지요? 펀드는 적어도 3년 이상, 장기적으로 투자해야 하는 금융투자상품이니까요.

펀드 선택 시 펀드 비용은 주요 고려대상이 되어야 합니다. 비용을 줄여야 내 이익이 늘어나니까요. 펀드 비용과 비용 청구방식은 펀드명 맨 뒤에 붙는 클래스를 통해 쉽게 알 수 있습니다. 이는 '펀드 이름 읽는 법'에 대해 설명할 때 다시 자세히 설명하겠습니다.

펀드 비용

수수료	보수
일회성	지속성

Q. 펀드 종류가 너무 많고 이름도 복잡해서 선택하기 어려워요.
↳ 먼저 투자 대상과 투자 스타일에 따라 구분해 보세요.

펀드는 자금 모집 방식에 따라 공모펀드(100인 이상의 불특정 다수의 투자자, 대부분의 펀드가 이에 해당)와 사모펀드(100인 이하의 투자자), 개방형펀드(환매가능펀드)와 폐쇄형펀드(환매불가능펀드) 등, 다양한 기준에 따라 여러 종류의 펀드로 구분할 수 있습니다.

먼저 투자 대상과 투자 스타일에 따라 구분할 수 있습니다. 이를 통해 각 펀드별 고유 특성을 파악할 수 있고요.

투자 대상에 따른 펀드 분류

구분	투자 대상
채권형펀드	채권에 60% 이상 투자하는 펀드
주식형펀드	주식에 60% 이상 투자하는 펀드
채권혼합형펀드	주식에 50% 미만 투자되어 채권투자 비중이 높은 펀드
주식혼합형펀드	주식에 50~60% 투자되어 주식투자 비중이 높은 펀드
머니마켓펀드(MMF)	초단기 채권에 투자하는 펀드
부동산펀드	부동산 및 부동산 관련 자산에 투자하는 펀드
실물펀드	금, 은, 구리 등 실물자산에 투자하는 펀드
재간접펀드	다른 펀드에 투자하는 펀드
특별자산펀드	선박, 예술품, 대출채권 등 증권이나 부동산을 제외한 자산에 투자하는 펀드

투자 스타일에 따른 펀드 분류

채권형	단기채권펀드	잔존만기가 1년 미만인 채권에 투자하는 펀드
	장기채권펀드	잔존만기가 3년 이상인 채권에 투자하는 펀드
	국공채펀드	국공채에 투자하는 펀드
	회사채펀드	회사채에 투자하는 펀드
	하이일드펀드	신용등급이 낮은 회사채에 투자하는 펀드
주식형	대형주펀드	시가총액 상위권에 속하는 대형주에 투자하는 펀드
	중소형주펀드	시가총액 중하위권에 속하는 중소형주에 투자하는 펀드
	가치주펀드	기업 이익에 비해 주가가 저평가된 주식에 투자하는 펀드
	성장주펀드	(신기술 등)기업 이익이 미래에 크게 성장할 주식에 투자하는 펀드
	배당주펀드	배당수익률이 높은 주식에 투자하는 펀드
	인덱스펀드	주가지수의 움직임을 따라가는 펀드

자료: 금융투자협회(2021). 알고하는 금융투자

이 밖에도 투자 지역에 따라 미국펀드, 중국펀드, 글로벌펀드, 신흥국펀드 등으로 구분할 수 있고, 에너지, 헬스케어 등과 같이 특정 섹터별로도 구분할 수 있습니다.

Q. 펀드 이름 읽는 법을 설명해 주세요.

↳ 펀드 이름에 숨어있는 규칙을 이해하면 쉽게 읽을 수 있습니다.

펀드 이름이 참 복잡하죠? 하지만 펀드 이름에는 규칙이 있습니다. 이를 이해하면 어디서 운용하고, 운용 철학이 무엇이며, 비용 구조는 어떤지 이름만 봐도 쉽게 알 수 있습니다. '신영밸류고배당증권자투자신탁(주식)-e' 펀드를 통해 펀드 이름에 숨어있는 규칙을 알아볼까요?

신영밸류고배당증권자투자신탁(주식)-e

신영

펀드 이름의 첫 글자인 신영은 자산운용사 이름, 즉 '신영자산운용'을 말합니다. 이처럼 펀드 이름 맨 앞에는 해당 펀드 운용사의 이름이 나옵니다.

밸류고배당

자산운용사 이름 다음에는 해당 펀드의 투자 지역, 투자 철학 등을 엿볼 수 있는 펀드의 브랜드명에 해당하는 내용이 나옵니다. '밸류고배당'으로 보아, 이 펀드는 주로 고배당주, 가치주에 투자하는 펀드임을 알 수 있습니다.

증권

펀드투자금이 주식, 채권 등 유가증권에 투자됨을 의미합니다. 만약 부동산에 투자하는 펀드라면 '부동산'이라고 표시됩니다.

자

펀드 상품의 '모자 구조'를 의미합니다. '모'는 어미 모, '자'는 아들 자를 의미하고요. 일반적으로 운용사들은 여러 개의 '자'펀드로 이루어진 '모'펀드를 운용해 수익을 내고 있습니다. 펀드 이름에 '자'가 붙으면 이 펀드는 '모'펀드가 따로 있는 구조라고 이해하면 됩니다.

투자신탁

투자신탁이 곧 '펀드'를 의미합니다. 펀드 이름에는 이처럼 투자신탁이란 용어가 붙습니다.

주식

펀드 자금의 주된 운용자산이 '주식'임을 의미합니다. '주식'은 자산의 60% 이상을 주식에 운용, '채권'은 자산의 60% 이상을 채권에 운용하는 펀드입니다.

e

펀드 클래스를 말하며, 이는 '펀드 비용'과 관련 있습니다. e 클래스는 온라인 전용 펀드로 비용이 저렴한 펀드를 말합니다. 앞서 펀드 비용을 설명할 때 펀드 이름 끝에 있는 클래스를 보면 비용 구조를 쉽게 알 수 있다고 했지요? 비용을 줄이려면 온라인 전용 e 클래스나 S 클래스(펀드슈퍼마켓 전용)를 선택하고, 보수가 낮은 펀드를 선택하는 것이 좋습니다.

펀드 클래스

	클래스	수수료	보수	비고
판매수수료 부가여부	A 클래스	O	O(낮음)	중장기투자에 적합
	C 클래스	X	O(높음)	
가입경로	e 클래스	O 혹은 X	O(A보다 낮음)	Ae 혹은 Ce
	S 클래스	X	O(가장 낮음)	펀드슈퍼마켓 전용

'펀드 이름 읽기' 실전 연습 한번 해볼까요?

· 한국밸류10년투자증권투자신탁1호(주식)-Ae

이 펀드는 '주식형펀드'네요. 주식에 60% 이상 투자하는 펀드입니다. '한국투자밸류자산운용'에서 운용하는 펀드고요. '10년 투자'가 이 펀드의 철학을 엿볼 수 있는 부분이네요(해당 자산운용사는 가치투자, 장기투자 운용철학을 지닌 자산운용사입니다). A 클래스로 '수수료 선취' 구조이고요. 끝에 'e'가 붙으니 온라인 가입 펀드임을 알 수 있습니다.

· 미래에셋글로벌다이나믹증권자투자신탁1호(채권)-C

이 펀드는 '채권형펀드'네요. 채권에 60% 이상 투자하는 펀드입니다. '미래에셋자산운용'에서 운용하는 펀드고요. '글로벌 다이나믹'이란 용어로 미루어 짐작할 때 우리나라 채권에 투자하는 펀드가 아니라, 신흥국이 포함된 여러 나라에 투자하는 펀드임을 알 수 있습니다. 증권자투자신탁에서 '자'가 있는 것으로 보아 '모' 펀드가 있는 펀드임을 알 수 있고요. C 클래스이니 수수료 미징수 펀드임을 알 수 있습니다.

· 삼성미국그로스증권자투자신탁UH(주-재간접)-Ce

이 펀드는 '주식형펀드'네요. 그런데 뒤에 '재간접'이란 용어가 있는 것으로 보아 자산운용사가 직접 주식에 투자하는 것이 아니라 '주식에 투자하는 여러 펀드'에 투자하는 펀드임을 유추할 수 있습니다. '삼성자산운용'에서 운용하는 펀드고요. '미국그로스'란 용어로 미루어 짐작할 때 미국의 성장(Growth) 기업에 주로 투자하는 펀드임을 알 수 있습니다.

증권자투자신탁에서 '자'가 있는 것으로 보아 '모' 펀드가 있는 펀드고요. Ce 클래스이니 수수료 미징수, 온라인 펀드임을 알 수 있습니다. 여기서 'UH'가 뭘까요? 'Unhedge'라는 뜻으로 '미래에 발생할 수 있는 환율변동위험을 헤지하지 않는 펀드'임을 뜻합니다. 펀드 수익이 발생해도, 환차손이 발생하면 이 펀드의 수익은 반감됩니다. 반대로 환차익이 발생하면 펀드의 수익에 환차익까지 더해져 수익률이 더 좋아지고요. 이 펀드는 환율변동위험을 헤지하지 않고 장기적인 환차익까지 챙기겠다고 하는 펀드입니다. 펀드명에 'H'가 붙으면 환율변동위험을 헤지하는 펀드입니다(이때 헤지 비용이 별도 발생합니다). 미래 발생할 수 있는 환차손 위험을 헤지하겠다는 뜻입니다.

Q. 액티브(Active)펀드와 패시브(Passive)펀드가 어떻게 다른가요?
↳ 운용전략이 다릅니다. 인덱스펀드는 대표적인 패시브펀드입니다.

이는 운용전략에 따른 분류입니다. 액티브펀드는 말 그대로 '액티브하게 운용하겠다'는 전략을 가진 펀드입니다. 즉 평균(벤치마크) 이상의 수익을 내겠다는 목표를 지닌 펀드입니다. 이에 적극적 운용전략을 구사합니다. 비용도 패시브펀드보다 높습니다. 반면, 패시브펀드는 소극적 운용전략을 지닌 펀드입니다. 벤치마크 이상의 수익을 내려고 하는 것이 아니라 벤치마크 수준을 추종하고자 합니다. 따라서 펀드 비용이 저렴합니다.

여기서 벤치마크란 무언가를 비교하기 위한 기준을 의미합니다. 투자상품의 성과를 측정할 때 기준이 되는 지표이죠. 벤치마크보다 잘 하나 못 하나, 혹은 벤치마크 수준과 비슷한가를 측정한다는 뜻입니다. 통상 시장 지수(국내 코스피 지수, 미국 S&P500 지수 등) 수익률이 벤치마크가 됩니다.

액티브펀드와 패시브펀드, 어디에 투자하면 좋을까요? 인덱스펀드 창시자인 '존 보글John Bogle'은 '시장을 따르라'라고 주장했습니다. 장기적 관점에서 시장 평균 이상의 수익을 올릴 가능성이 낮기 때문에 시장 평균 수익률을 그대로 따라가라는 것이죠. 그것이 가장 효과적인 투자전략이라는 것입니다. 존 보글은 자신의 철학이 담긴 다음과 같은 명언을 남겼습니다.

> "건초더미에서 바늘을 찾으려 하지 마라.
> 건초더미를 통째로 사라"

여기에서 건초더미는 시장 전체를, 바늘은 개별 종목을 의미합니다. 존 보글의 투자 철학이 옳았음은 '워런 버핏'을 통해서도 증명되었습니다. 워런 버핏은 2007년, 뉴욕 헤지펀드 운용사 프로테제파트너스와 10년 동안 인덱스펀드와 헤지펀드 중 어느 쪽이 더 많은 수익을 낼지 내기를 했습니다(헤지펀드란 시장 상황과 관계 없이 절대수익을 추구하는 사모펀드를 의미합니다. 패시브펀드인 인덱스펀드와 달리 시장 대비 초과수익 전략을 세우는 액티브펀드의 일종이라고 이해하면 됩니다). 2008년 1월 1일 시작된 내기는 2017년 12월 29일 버핏의 압승으로 끝났습니다. 패시브펀드(인덱스펀드)인 '뱅가드500'은 연평균 7.1%의 수익을 낸 데 비해 프로테제파트너스 헤지펀드의 수익률은 연 2.2% 수익에 머물렀으니까요.

액티브펀드와 패시브펀드 10년 투자 결과 수익률

액티브펀드	패시브펀드
연 2.2%	연 7.1%

액티브펀드보다 패시브펀드에 투자하라!

Q. 펀드의 기준가격이 뭐예요?

    ↳ 주식의 가격이 주가인 것처럼 펀드의 가격을 기준가격이라 하고
       기준가격은 펀드의 운용성과를 반영하고 있습니다.

펀드의 기준가격을 설명하기에 앞서, '좌수'라는 용어부터 설명하겠습니다. 좌수란 펀드 거래에서의 거래단위를 뜻합니다. 주식을 거래할 때 '주식 수'로 거래하듯, 펀드를 거래할 때는 '좌수'로 거래합니다. 1좌가 1원입니다. 이해를 돕기 위해 주식거래와 비교해서 설명해 볼게요.

구분	내용	수량
주식	500만 원으로 A주식(주당 1만 원) 매수	주식수 500주(500만 원/1만 원)
펀드	500만 원으로 B펀드(기준가격 1만 원) 매수	좌수 500,000좌 ((500만 원/1만 원) × 1,000)

펀드의 기준가격이 주가와 같은 개념임을 이해하시겠지요? 기준가격은 펀드 매수·매도의 기준이 되는 가격으로 펀드의 순자산가치를 말합니다. 펀드의 운용성과가 반영된 가격을 의미하지요. 이 기준가격은 1,000좌 단위로 표시합니다. 펀드 좌수 계산에서 1,000을 곱한 이유입니다. 1좌가 1원이니 펀드의 기준가격은 1천 원으로 시작하는 셈입니다. 즉 펀드 최초 설정일의 기준가는 1천 원입니다.

주가는 장 중 수시로 변합니다. 하지만 펀드의 기준가격은 장이 마감되어 펀드 내의 주식, 채권 등의 종가가 결정되면 그 때 계산합니다. 이를 통해 결정된 기준가격은 매 영업일 업무 시작 전에 고시되고, 고시된 가격으로 당일 거래가 이루어집니다(펀드의 기준가는 하루에 한 개만 있다는 뜻입니다). 쉽게 말해

전일 종가가 다음 날 기준가가 됩니다. 기준가 변동으로 수익률이 결정되는 것이니만큼 기준가에 대한 이해는 꼭 필요합니다. 각 펀드의 기준가는 자산운용사 혹은 판매사, 그리고 금융투자협회 전자공시 시스템을 통해 쉽게 알 수 있습니다.

이번에는 펀드의 매수와 매도에 따른 기준가 적용일을 살펴보도록 하겠습니다. 개별 주식종목을 얼마에 매수해서 얼마에 매도하느냐에 따라 수익률이 결정되듯, 펀드도 얼마의 기준가에 사서 얼마의 기준가에 매도했는지에 따라 수익률이 결정됩니다. 이에 매수·매도에 따른 기준가 적용일을 아는 것은 중요합니다. 먼저, 국내 주식형펀드의 경우 주식시장이 종료되는 오후 3시 반 이전에 매수·매도하느냐, 그 이후에 하느냐에 따라 기준가 적용일이 달라집니다. 그 시간 이전에 매수·매도한다면 신청일 다음 날 공고된 기준가(D+1)가 매수·매도 기준가가 됩니다. 만약 3시 반 이후에 신청한다면 신청일 다음 다음 날(D+2) 공고된 기준가가 매수·매도 기준가가 됩니다. 국내 채권형펀드의 매수·매도 기준가 적용일도 마찬가지이나, 기준이 되는 시간은 오후 3시 반이 아니라 5시입니다. 즉 5시 이전이냐, 이후이냐에 따라 기준가 적용일이 달라진다는 뜻입니다. 해외 펀드인 경우, 펀드마다 기준시간과 기준가 적용일이 다를 수 있으니 가입하기 전에 먼저 확인해 보세요.

Q. 펀드 세금이 궁금해요.

    ↳ 펀드에서 발생하는 소득은 주식과 채권 매매차익, 이자와 배당 등 다양하지만,
        펀드투자로 인한 이익은 모두 배당소득으로 보아 15.4% 과세합니다.
        단, 국내 주식형펀드의 매매차익에 대해서는 과세하지 않습니다.

복습해 볼까요? 국내 상장 주식투자를 통해 배당소득과 매매차익이 발생할 수 있고, 배당소득은 15.4% 과세, 매매차익은 과세하지 않는다고 했습니다. 미국 주식투자의 매매차익에 대해서는 양도소득세 22%가 부과되고, 이는 다른 소득과 합산하지 않고 분리과세 처리되고요.

주식형펀드는 주식에 60% 이상 투자하는 펀드입니다. 대부분의 펀드 자산이 주식으로 운용되지만, 증권 매수 혹은 펀드 환매에 대비하기 위한 일정 수준의 유동성(현금성 자산)도 보유하고 있습니다. 또 여러 주식 보유로 인한 배당금이 펀드로 편입되고요. 이는 주식형펀드에서 이자 및 배당소득이 발생한다는 뜻입니다. 하지만 이렇게 펀드에서 발생한 소득이 투자자에게 이전될 때 그 소득은 모두 '배당소득'으로 간주합니다(배당소득세 15.4% 과세). 단, 국내 주식형펀드의 매매차익에 대해서는 국내 주식투자에서와 마찬가지로 과세하지 않습니다.

반면, 채권의 경우는 좀 다릅니다. 채권을 직접투자할 때는 보유기간 동안 발생한 이자에 대해서는 과세, 매매차익에 대해서는 과세하지 않습니다. 하지만 펀드로 채권을 투자할 때는 이자소득뿐만 아니라 채권의 매매차익도 배당소득으로 간주하여 15.4% 과세합니다. 이를 통해 채권 직접투자가 펀드투자보다 절세 면에서는 더 유리함을 알 수 있습니다.

해외 펀드는 어떨까요? 해외에 투자하는 펀드는 주식형이든, 채권형이든, 발생하는 이익의 종류에 상관없이 모두 배당소득으로 간주하고 배당소득세

15.4%를 과세합니다. 예컨대, 해외 펀드투자를 통해 500만 원 수익이 발생하였다면 이에 대해 15.4% 과세한다는 뜻입니다. 앞서, 해외 주식에 직접 투자해서 500만 원 차익이 발생하면 이에 대해서는 양도소득세 22%를 부과한다고 했습니다. 해외 직접투자와 간접투자를 통한 세금은 이렇게 다릅니다.

펀드투자를 통한 소득원천별 과세 여부

소득원천		내용
국내 주식	매매차익 이자 및 배당소득	(양도소득세)과세하지 않음 배당소득세 15.4%
해외 주식	매매차익 이자 및 배당소득	배당소득세 15.4% 배당소득세 15.4%
국내 및 해외 채권	매매차익 이자소득	배당소득세 15.4% 배당소득세 15.4%

Q. 펀드에 가입하려면 어떻게 해야 하나요?
  ↳ 증권사 MTS를 이용하면 편리하게 가입할 수 있습니다.

펀드는 직접투자하는 주식과 달리 간접투자하는 금융투자상품입니다. 따라서 금융기관을 통해 가입할 수 있습니다. 가입 경로는 크게 2가지입니다. 금융기관의 지점을 직접 방문해서 가입하는 방법과 온라인으로 가입하는 방법이 있습니다. 펀드는 투자상품이기 때문에 주로 증권사를 통해서 많이 가입합니다(물론 은행이나 보험사를 통해서도 가입할 수 있습니다). 최근에는 많은 사람들이 비대면 거래를 선호하기 때문에 HTSHome Trading System, MTSMobile Trading System 시스템을 이용합니다. 가입하는 방법은 어렵지 않습니다. 직접

한번 해보시면 금방 익숙해질 겁니다.

 펀드 가입 전 반드시 체크해야 할 사항에 대해 이야기해 보겠습니다. 첫째, 펀드는 금융투자상품입니다. 손실이 발생할 수 있고 투자 결과가 본인에게 귀속됨을 반드시 인지해야 합니다. 둘째, 펀드를 왜 가입하려고 하는지 가입 목적을 분명히 하십시오. 여러 차례 강조했지만, 금융투자상품은 중장기 재무목표 달성을 위해 가입해야 합니다. 셋째, 자신의 성향에 맞는 펀드를 선택하십시오. 펀드 가입 전 보통 투자자 성향을 묻습니다. 투자자 성향에 따라 가입할 수 있는 상품이 달라질 수 있습니다. 안정지향적인 투자자가 초고위험 상품에 투자하면 안 됩니다. 가입 전 자신의 투자성향을 파악하는 것은 무엇보다 중요한 일입니다. 넷째, 펀드 가입 전 투자설명서를 반드시 읽어보세요. 이 펀드는 어떤 자산운용사에서 운용하고, 운용전략은 무엇인지, 주요 투자 대상은 무엇인지, 투자비용은 어떤지 등을 반드시 확인해야 합니다.

투자성향

투자성향	등급	주요 판단
공격투자형	1등급	• 시장평균 수익률을 훨씬 넘어서는 높은 수준의 투자수익을 추구하며, 이를 위해 자산가치의 변동에 따른 손실위험을 적극 수용함 • 투자자금의 대부분을 주식, 주식형펀드 또는 파생상품 등의 위험자산에 투자할 의향이 있음
적극투자형	2등급	• 투자원금의 보전보다는 위험을 감내하더라도 높은 수준의 투자수익 실현을 추구함 • 투자자금의 상당 부분을 주식, 주식형펀드 또는 파생상품 등의 위험자산에 투자할 의향이 있음
위험중립형	3등급	• 투자에 상응하는 투자위험이 있음을 충분히 인식하고 있음 • 예적금보다 높은 수익을 기대할 수 있다면 일정 수준의 손실위험을 감수할 수 있음
안정추구형	4등급	• 투자원금의 손실위험은 최소화하고, 이자소득이나 배당소득 수준의 안정적인 투자를 목표로 함 • 예적금보다 높은 수익을 위해 자산 중 일부를 변동성 높은 상품에 투자할 의향이 있음(수익을 위해 단기적인 손실을 수용할 수 있음)
안정형	5등급	• 투자원금에 손실이 발생하는 것을 원하지 않음 • 예적금 수준의 수익률을 기대함

자료: 신한투자증권

펀드 가입 전 체크사항

• 투자 결과의 책임은 본인에게 있습니다.
• 펀드 가입 목적을 분명히 해야 합니다.
• 투자자 성향에 맞는 펀드를 선택해야 합니다.
• 가입 전 투자설명서의 핵심 부분을 꼼꼼히 살펴봐야 합니다.

Q. ETF가 뭔가요?

↳ 인덱스펀드를 거래소에 상장시켜 주식처럼 편리하게 거래할 수 있도록 만든
금융투자상품입니다.

ETF Exchange Traded Fund(상장지수펀드)는 주식, 채권, 펀드와 같이 대표적인
금융투자상품입니다. 이름을 통해서도 알 수 있듯이 펀드, 특히 인덱스펀드와
성격이 유사합니다. ETF는 펀드투자의 장점과 주식 직접투자의 장점을 결합한
상품입니다. 인덱스펀드를 거래소에 상장시켜 주식처럼 편리하게 거래할 수
있도록 만든 상품이니까요. ETF 투자를 하면 개별 주식종목을 고르는 수고를
하지 않아도 되고, 언제든지 시장에서 원하는 가격에 매매할 수 있습니다.

ETF도 펀드처럼 패시브 ETF와 액티브 ETF가 있습니다. 패시브 ETF는 시장
지수를 추종하는 시장 지수 ETF입니다. 가장 보편적으로 투자하는 ETF이지요.
최근에는 다양한 곳에 투자하는 액티브 ETF도 많이 출시되고 있습니다.

ETF는 개인투자자가 투자하기에 좋은 여러 장점을 지닌 금융투자상품입니
다. 가장 큰 장점은 시장 지수 투자에 용이하다는 점입니다. 주식투자에서 비
체계적 위험을 줄이려면 시장투자하는 것이 좋다고 한 것 기억하시나요? ETF
는 시장투자에 가장 용이한 상품이지요. 국내시장, 미국시장 등 다양한 글로벌
시장에 간편하게 투자할 수 있습니다. 주식뿐만 아니라 채권, 원자재, 통화와
같은 다양한 자산에 분산투자 할 수 있습니다. 주식처럼 실시간으로 쉽게 사고
팔 수 있고요. 펀드에 비해 상대적으로 적은 비용이 든다는 것도 ETF의 장점입
니다.

ETF의 장점

- 간편하게 시장 지수에 투자할 수 있다.
- 간편하게 주식 이외 여러 자산에 분산투자 할 수 있다.
- 주식처럼 실시간 거래가 가능하다.
- 펀드에 비해 상대적으로 비용이 저렴하다.

Q. ETF 이름 읽는 법에 대해서도 설명해 주세요.

↳ 펀드처럼 ETF 이름에도 규칙이 있습니다.
규칙을 안다면 쉽게 주요 정보를 파악할 수 있습니다.

ETF도 이름의 규칙을 안다면 이름만 보고 어디에 투자하는지 등의 주요 정보를 쉽게 알 수 있습니다. ETF도 펀드처럼 이를 운용하는 '자산운용사'에서 만듭니다. 각 자산운용사는 자사 ETF 브랜드를 보유하고 있습니다. 'KODEX' 는 삼성자산운용의 ETF 브랜드인 것처럼 말입니다.

국내 자산운용사와 ETF 브랜드

운용사	브랜드
삼성자산운용	KODEX
미래에셋자산운용	TIGER
KB자산운용	KBSTAR
한국투자신탁운용	ACE
한화자산운용	ARIRANG

이제 ETF 이름 읽기에 대해 알아보겠습니다.

KODEX 미국S&P500(H)

자산운용사별 ETF 브랜드명 + 투자지역 + 투자자산 + 운용전략

KODEX

코덱스는 삼성자산운용의 ETF 브랜드 이름입니다.

미국

미국에 투자하는 ETF입니다.

S&P500

미국 S&P500 지수에 투자하는 ETF입니다.

(H)

환율 변동위험을 회피하기 위한 환헤지전략을 사용하는 ETF입니다.

펀드 이름보다는 읽기가 쉽죠? ETF 종류도 펀드처럼 많습니다. 하지만 규칙만 안다면 쉽게 해당 ETF에 대한 주요 정보를 파악할 수 있답니다.

Q. 'SPY', 'QQQ', 이런 ETF도 있던데 이건 뭐예요?

↳ 미국 자산운용사가 운용하는 ETF 이름의 티커입니다.

ETF는 국내 자산운용사뿐만 아니라 해외 자산운용사도 만들어 운용합니다. 국내 자산운용사가 만들어 상장한 ETF를 국내 상장 ETF, 해외 자산운용사가

만들어 상장한 ETF를 해외 상장 ETF라 하지요. 물론 국내 자산운용사가 만든 국내 상장 ETF라 하더라도 투자 지역은 국내에만 국한되지 않고, 미국 등 다양한 지역에 투자할 수 있습니다(여기서는 해외 상장 ETF 중 미국 상장 ETF 위주로 설명하겠습니다). 국내 상장 ETF는 이름만 알면 주요 정보를 알 수 있지만, 미국 상장 ETF는 '티커'로 표기되므로 티커를 알아야 합니다. 생소한 용어이지요? 티커Ticker란 증시에 등록된 해당 기업 종목의 약어를 말합니다. 우리에게 익숙한 '애플'사의 티커는 AAPL입니다.

'SPY', 'QQQ'는 미국 상장 ETF의 티커입니다. 정식 명칭은 각각 SPDR S&P500 ETF Trust, Invesco QQQ Trust이고요. 우리나라의 ETF는 이름만 봐도 주요 정보를 알 수 있는데, 미국의 ETF는 사실 티커만으로는 어디에 투자하는지 알기 어렵습니다. 그래서 좀 관심을 가지고 살펴봐야 하는 부분이긴 합니다. SPY는 스테이트 스트리트State Street Global Advisers의 미국 S&P500 지수를 추종하는 ETF입니다. QQQ는 인베스코Invesco의 미국 나스닥100 지수를 추종하는 ETF이고요. 미국 상장 ETF에 대한 정보는 www.etf.com을 통해 살펴볼 수 있습니다.

미국 자산운용사와 ETF 브랜드

운용사	브랜드
블랙록(Blackrock)	ishares
뱅가드(Vanguard)	Vanguard
스테이트 스트리트(State Street Global Advisers)	SPDR
인베스코(Invesco)	Invesco

Q. 좋은 ETF 고르는 방법을 알려 주세요.

↳ 괴리율과 자산규모와 거래량, 운용보수 등을 확인해 보세요.

우선 ETF 투자 전, NAV와 iNAV를 알아야 합니다. NAV Net Asset Value는 펀드의 기준가격과 같은 것입니다. 해당 ETF가 보유한 자산가치의 합에서 비용을 차감한 순자산가치, 즉 ETF가 보유하고 있는 자산가치를 모두 반영한 1주당 순자산가치를 의미합니다. NAV도 펀드의 기준가격처럼 전일 종가 기준으로 하루에 한 번 산출됩니다. 그런데 ETF는 주식처럼 실시간으로 거래됩니다. 따라서 전일 종가를 기준으로 한 NAV가 ETF 순자산가치의 실시간 변화를 반영할 수 없다는 문제가 생깁니다. 이에 ETF의 실시간 자산가치를 반영한 새로운 지표가 필요합니다. 이것이 바로 iNAV Indicative Net Asset Value입니다. iNAV는 거래소에서 실시간으로 알려주는 '추정 순자산가치'를 말합니다.

쉽게 말해 NAV는 펀드의 기준가격과도 같은 것이고, iNAV는 주식처럼 실시간 거래되는 상품의 특성 때문에 만들어 놓은 실시간 시장가격이라고 이해하면 됩니다. 이제 '괴리율'에 대해 설명해 보겠습니다.

MTS를 통해 본 ETF의 괴리율

자료: 삼성증권 MTS화면

괴리율은 iNAV와 NAV의 차이, 즉 ETF의 시장가격과 기준가격의 차이를 말합니다. iNAV가 NAV보다 높으면 시장가격이 기준가격보다 높게 거래된다는 뜻이고(고평가) iNAV가 NAV보다 낮으면 시장가격이 기준가격보다 낮게 거래된다는 뜻입니다(저평가). 이처럼 iNAV와 NAV의 차이를 '괴리도'라고 하고, 그 차이 비율을 괴리율이라고 합니다.

좋은 ETF를 고르려면 3가지 정도를 살펴봐야 합니다. 먼저 괴리율을 봐야 합니다. 지나치게 높은 괴리율을 보이는 ETF는 선택하지 않는 것이 좋습니다. 다시 말해, iNAV(시장가격)가 NAV(기준가격)보다 높은 ETF는 선택하지 않는 것이 좋다는 뜻입니다. 실제 자산가치보다 고평가되어있으니까요. 또 자산규모가 큰 ETF를 고르는 것이 좋습니다. 자산규모가 크다는 것은 꾸준히 투자금이 유입된다는 뜻이니까요. 더불어 거래량이 많은 ETF를 선택하는 것이 좋습니다. 거래량이 많다는 것은 내가 원할 때 거래를 원활히 할 수 있다는 뜻이니까요. 마지막으로 비용(운용보수)이 적은 ETF를 선택하는 것이 좋습니다. 통상 시장 지수 ETF의 보수는 상당히 낮은 수준입니다. 액티브 ETF는 상대적으로 높은 편이고요. KODEX, TIGER 등 ETF 홈페이지를 둘러보시면 다양한 ETF와 각 상품별 거래량, 비용 등 주요 정보를 확인할 수 있습니다. 또 'ETF CHECK' 홈페이지를 살펴보면 좋습니다. 투자 대상이 같아도 각 운용사별 ETF는 자산규모, 보수 등에서 차이가 있습니다. 따라서 'ETF CHECK'를 통해 비교해 보는 것도 ETF 선택에 도움이 됩니다.

좋은 ETF 고르는 방법

- 괴리율이 높지 않은 ETF를 선택하세요.
- 자산규모가 크고, 거래량이 많은 ETF를 선택하세요.
- 운용보수가 낮은 ETF를 선택하세요.

Q. ETF 세금에 대해 알려 주세요.

↳ 국내 상장 ETF의 분배금은 15.4% 과세, 미국 상장 ETF의 분배금은 15% 과세합니다.
하지만 자본차익의 경우 국내 상장 국내 주식형 ETF는 과세하지 않고
(국내 상장 해외 주식형 ETF는 15.4% 과세), 미국 상장 ETF는 22% 과세합니다.

ETF의 세금체계는 주식의 세금체계와 거의 동일합니다. ETF의 배당금은 배당금이라 하지 않고 '분배금'이라 합니다.

국내 상장 국내 주식형 ETF의 분배금에 대해서는 15.4% 과세, 자본차익에 대해서는 과세하지 않습니다. 국내 상장 해외 주식형 ETF의 자본차익에 대해서는 15.4% 과세하고요. 미국 상장 ETF는 미국 주식 세금체계와 동일하며 분배금에 대해서는 15%, 자본차익에 대해서는 22% 과세합니다. 다만 연간 매매차익이 250만 원을 넘는 부분에 대해서만 과세합니다. 주식과 ETF의 세금을 정리하면 다음과 같습니다.

주식과 ETF의 세금

	국내 주식 & 국내 상장 국내 주식형 ETF	국내 상장 해외 주식형 ETF	미국 주식 & 미국 상장 ETF
배당 및 분배금	15.4%	15.4%	15%
자본차익	과세하지 않음	15.4%	22% (250만 원 초과분)

*채권, 원자재와 같은 국내 상장 기타 ETF는 분배금 및 매매차익에 대해 모두 15.4% 과세함

종종 국내 상장 해외 주식형 ETF(예: TIGER미국나스닥100)와 미국 상장 ETF(예: QQQ) 중 무엇을 선택해야 할지 고민하는 분들이 있습니다. 경우에 따

라 다르지만, 자산규모가 큰 사람이라면 미국 상장 ETF가 세금 면에서 조금 유리할 수 있습니다. 연간 금융소득(이자 및 배당소득)이 2,000만 원을 초과하면 금융소득종합과세 대상이 됩니다. 금융소득이 2,000만 원 이하인 경우는 금융기관의 원천징수로 납세의무가 종결되지만, 2,000만 원을 초과하는 경우 그 초과금액에 대해서 다른 소득(근로소득, 사업소득 등)과 합산하여 종합소득세율(누진세율)을 적용하여 과세한다는 뜻입니다. TIGER미국나스닥100에 투자하여 500만 원의 수익이 발생했다고 가정하면 500만 원은 종합과세대상 금융소득이 됩니다(다른 금융소득과 합산하여, 2,000만원 초과 여부를 따진다는 뜻입니다). 그러나 QQQ에 투자하여 500만 원 수익이 발생하면 250만 원 초과분에 대해 22% 과세하지만 다른 소득과 합산하지 않고 이 자체로 납세의무는 종결됩니다. 따라서 자산규모가 커서 금융소득종합과세 이슈가 발생한다면 미국 상장 ETF를, 그렇지 않다면 국내 상장 해외 주식형 ETF를 선택하는 것이 세금 측면에서는 유리할 수 있습니다.

Q. ETF 투자는 어디서, 어떻게 하나요?
↳ 주식투자 방법과 동일합니다.

ETF 투자는 증권사 HTS, MTS를 통해서 합니다. ETF는 펀드 성격을 지녔지만 주식처럼 실시간으로 거래되는 상품입니다. 이에 주식투자와 동일한 방식으로 투자할 수 있습니다. 다음은 MTS 상의 주식투자 화면과 ETF 투자 화면입니다. 얼핏 보기에도 비슷하지요? 실시간으로 원하는 가격과 수량을 입력하여 체결하는 방식입니다.

MTS 상의 주식투자 화면과 ETF 투자 화면 예시

자료: 삼성증권 MTS 화면

펀드는 주식, ETF처럼 실시간으로 거래되지 않습니다. 상품의 주요 사항을 확인한 후 상품매수 방식을 취합니다. 다음은 MTS 상의 펀드투자 화면입니다.

MTS 상의 펀드투자 화면 예시

자료: 삼성증권 MTS 화면

Q. ETF와 펀드 중 무엇에 투자할까요?

↳ 투자자의 성향에 따라 마음 편한 투자 방법을 선택하면 됩니다.

여러분은 어디에 투자하고 싶나요? 비용도 저렴하고 시장 지수 투자가 더 용이한 ETF를 선호하시나요? 아니면 ETF의 실시간 거래가 부담스러워 펀드투자를 선호하시나요? 이는 성향 차이이니 '뭐가 좋고, 뭐가 나쁘다'라고 이야기하기에는 무리가 있습니다. 다만 내 성향이 어떤 투자를 할 때 마음이 편하고, 어떤 투자가 내가 쉽게 할 수 있는 투자인지 생각해보면 좋겠습니다.

ETF는 주식처럼 실시간 거래로 이루어지기 때문에 장중에만 거래가 가능합니다. 또 조금이라도 더 저렴하게 매수하고 더 높은 가격으로 매도하기 위해 망설이게 되기도 합니다. 그러다 거래 기회를 종종 놓치기도 하고요. 하지만 펀드는 상품입니다. 목적과 상황에 맞는 상품을 선택하고 가입(매수)하면 됩니다. 꼭 장중에 매수하지 않아도 됩니다. ETF에 비해 상대적으로 마음 편하게 거래할 수 있습니다. 더불어 ETF에 비해 자주 들여다보지 않아, 잦은 트레이딩에 따른 손해를 막을 수 있습니다.

펀드는 매월 자동이체 약정으로 적립식 투자에 용이합니다. 애쓰지 않아도 저절로 강제투자가 가능합니다. 그러나 ETF의 경우 자동이체 약정이 조금 불편합니다. 증권사별로 차이는 있지만 펀드에 비해 보편적인 거래가 아닙니다. 이는 실시간으로 거래되는 ETF의 특징 때문입니다. 그렇다보니 펀드에 비해 강제투자 힘이 조금 약합니다.

이렇게 보면 펀드투자가 더 나아 보이나요? 성향에 따라 다를 수 있다는 거지, 어떤 투자가 더 좋고, 나쁘고의 문제는 아닙니다. ETF는 '시장투자로 장기 투자하기'라는 투자 원칙을 지키는데 가장 적합한 금융투자상품입니다. 잘 활용하면 건강한 투자를 통한 꾸준한 자산 성장을 기대할 수 있는 최적의 금융투자상품이지요. 다만 ETF 투자가 스스로에게 약점이 될 수 있다면 이를 극복하기 위해 나만의 방법을 마련하면 좋겠습니다. 예를 들면 '매월 월급날 OO만 원으로 점심시간에 ETF 매수하기', '너무 자주 들여다보지 않기' 등 말입니다.

▌Chapter 7. 정리 한 마디

펀드와 ETF는 적은 돈으로도 건강한 투자를 할 수 있는 가장 적합한 금융투자상품입니다. 적극 활용하면 좋을 금융상품이죠. 하지만 투자 전에는 반드시 공부가 필요합니다. 적어도 지금까지 배운 기본 개념 정도는 알고 투자해야 합니다.

Chapter 8
자산배분과 포트폴리오

지금까지 금융투자상품에 대해 공부했습니다.
금융투자상품은 재무목표 달성을 위한 '수단'입니다.
마치 근사한 요리를 위한 좋은 재료와도 같지요.
그런데 좋은 재료만으로 충분할까요? 그렇지 않습니다.
재료를 적절하게 손질하고 다듬어, 잘 조합해야
근사한 요리가 만들어집니다.
상품을 잘 안다고 해서 투자를 잘할 수 있는 것은 아닙니다.
이를 적절하게 잘 활용하는 법을 알아야 합니다.
즉 목표 달성을 위해 자산을 배분하며, 배분한 자산군에
맞게 적절한 상품을 배치할 줄 알아야 합니다.
자산배분은 투자성과의 핵심 요소입니다.
자산배분 없이 좋은 투자성과를 바라기 어렵고,
재무목표 달성을 바라기 어렵습니다.
그만큼 투자에서 자산배분은 중요합니다.
지금부터 '자산배분과 포트폴리오'에 대해 알아볼까요?

Q. 자산배분이 뭔가요?
　↳ 목표 달성을 위해 투자금을 여러 자산군에 나누는 것을 의미합니다.

　자산배분Asset Allocation은 '여러 자산에 돈을 나눈다'라는 뜻입니다. 현금, 채권, 주식, 원자재 등 다양한 자산군에 투자자금을 분산하는 것입니다. 종종 자산배분과 분산투자를 혼동해 사용하곤 합니다. 그러나 엄밀하게 따지면 이

둘은 같은 개념이 아닙니다. 흔히 생각하는 분산투자는 이런 겁니다. 투자금 100%를 한 종목에 투자하지 않고 삼성전자, 네이버, 엘지화학 등에 나누어 투자하는 겁니다. 물론 이렇게 투자하는 것이 한 종목에 집중투자하는 것보다는 낫겠지요. 하지만 이들은 모두 주식자산입니다. 시장이 흔들리면 모두 함께 하락할 가능성이 높다는 이야기입니다. 자산배분은 성격이 같은 자산군에 나누어 투자하는 것이 아니라, 성격이 다른 다양한 자산군에 나누어 투자하는 것을 의미합니다. 그러니 분산투자보다 더 넓은 개념이라고 할 수 있습니다.

자산배분을 이해하려면 축구팀을 떠올리면 좋습니다. 축구는 11명이 한 팀이 되어 상대 골문에 공을 발로 차서 넣는 스포츠입니다. 축구팀의 목표는 득점을 올려 상대를 이기는 겁니다. 이러한 목표를 달성하기 위해 팀은 전략을 짭니다. 누가 공격할 건지, 누가 수비할 건지 등을 정하지요. 11명 모두가 공격하거나, 모두가 수비하거나 하지 않습니다. 그러면 절대 이기는 경기를 할 수 없으니까요. 자산배분은 축구와 똑같습니다. 투자목표 달성을 위해 투자금을 현금, 주식, 채권, 원자재 등 다양한 자산군에 나누어 투자하는 것입니다.

지금부터 국민연금 기금운용을 예로 자산배분에 대한 추가적인 이해를 돕겠습니다. 국민연금은 '우리들의 연금'입니다(연금은 Chapter 10에서 자세히 다룹니다). 우리의 연금이 잘 성장하여 든든한 노후자산이 되려면, 기금은 잘 관리·운용돼야 합니다. 2023년 5월 말 기준, 국민연금 기금은 973.9조 원입니다. 어마어마한 규모의 돈을 잘 운용하려면 어떻게 해야 할까요? 국민연금은 이 기금을 잘 운용하기 위해 먼저 다양한 자산군에 자산배분부터 합니다. 이렇게 말이죠.

국민연금 기금 자산배분(2023년 5월 말 기준)

금융부문	972.7조 원	99.9%
국내 주식	144.9조 원	14.9%
국내 채권	319.1조 원	32.8%
해외 주식	281.0조 원	28.9%
해외 채권	70.5조 원	7.2%
대체투자	155.2조 원	15.9%
단기자금	2.0조 원	0.2%
복지·기타부문	1.2조 원	0.1%

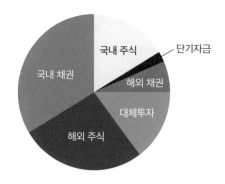

자료: 국민연금공단 홈페이지(2023.05.)

국민연금은 기금을 채권, 주식, 대체투자[7]에 골고루 배분하고 있습니다. 또 국내에만 투자하지 않고, 해외 투자 비중을 늘리고 있고요. 자산배분은 투자전략에 해당합니다. 전략은 시장 상황에 따라 변경될 수는 있습니다.

Q. 자산배분을 왜 해야 하나요?

↳ 자산배분은 투자위험을 줄이기 위해 필요합니다.

자산배분의 목적은 투자위험을 줄이기 위함입니다. 투자위험을 줄이는 것이 투자수익의 핵심이기 때문입니다. 만약 어마어마한 규모의 국민연금 기금을 높은 수익률만 생각하고 주식자산에만 투자하면 어떻게 될까요? 시장이 좋을 때는 목표 달성이 용이하겠지만, 그렇지 않으면 큰 손실이 발생합니다. 만약 채권에만 투자한다면 주식투자에 비해 위험은 낮겠지만 기금 성장이 더디게 됩

---

7) 대체투자란 주식이나 채권 같은 전통적인 투자 상품이 아닌 다른 대상, 예를 들면 부동산, 원자재, 사모펀드, 헤지펀드, 벤처기업 등에 투자하는 방식을 말합니다.

니다. 손실이 나는 것도, 기금 성장이 더딘 것도 모두 위험입니다. 따라서 투자 위험을 줄이기 위해 성질이 다른 다양한 자산군에 기금을 잘 나누는 겁니다.

보통 투자성과를 높이려면 좋은 종목을 선택해야 한다고 생각합니다. 더불어 좋은 종목을 싸게 사서 비싸게 팔아야 한다고 생각하죠. 네, 그럴 수 있으면 참 좋겠습니다. 분명 좋은 종목을 싸게 사서 비싸게 팔면 큰 성과가 날 테니까요. 그런데 투자성과의 핵심은 좋은 종목을 선택하는 것도, 매매 타이밍을 잘 맞추는 것도 아닌 '자산배분'에 있습니다. 이를 증명한 학자들이 브린슨Brinson, 후드Hood, 비보우어Beebower입니다. 그들은 1974년부터 1983년까지 미국 91개 대형 연기금에 대한 분기별 투자성과를 분석했습니다. 그 결과 '분기 수익률 변동성의 약 91.5%를 자산배분 정책으로 설명할 수 있다'고 하였습니다(Brinson, Hood, and Beebower, 1986 [8]). 자산배분이 투자성과에 영향을 미치는 가장 결정적 변수라는 뜻입니다.

투자성과에 영향을 미치는 요인

자산배분을 통한 기금운용으로 성과를 높인 사례는 미국 사립대학에서도 찾아볼 수 있습니다. 자산배분의 대가라고도 불리는 '데이비드 스웬슨David

---

8) Brinson, G. P., Hood, L. R., & Beebower, G. L. (1986). Determinants of portfolio performance. *Financial Analysts Journal*, 39-44.

Swensen¹은 멀티에셋 자산배분을 통해 예일대 기금을 세계 최고의 기금으로 만든 사람입니다. 그가 예일대 기금을 맡기 전만 해도 예일대를 비롯한 대부분의 대학기금은 안전한 채권투자가 기본이었다고 합니다. 원금손실이 있으면 안 되고, 기금 특성상 필요할 때 언제든지 현금화할 수 있어야 한다는 통념 때문이었습니다. 그러나 스웬슨은 이런 통념에 도전장을 내밀고, 자산배분 관점에서 다양한 자산에 기금을 나누어 투자했습니다. 주식, 채권, 현금 등으로 구성된 전통적 자산배분에서부터 부동산, 원자재, 사모펀드와 같은 비전통적 자산배분에 이르기까지, 상관관계가 낮은 다양한 자산군에 투자하는, 소위 멀티에셋 기금운용 전략을 펼쳤습니다. 그 결과 스웬슨이 재직했던 1985년부터 2021년까지 예일대 기금은 연평균 13.7%의 수익을 기록했습니다.

Q. 자산배분, 어떻게 하는 건가요?
↳ 서로 상관관계가 낮은 자산을 조합합니다.

자산배분은 서로 상관관계가 낮은 자산을 조합하는 것이 바람직합니다. '낮은 상관관계'란 A 값이 증가함에 따라 B 값은 감소하는 관계를 의미합니다. 쉽게 말해 성격이 다른 두 관계를 뜻합니다. 축구팀에서 공격수와 수비수를 적절히 배치하는 것과 같은 이치입니다. 국내 주식과 미국 주식의 상관관계는 높을까요? 낮을까요? 정답은 '높다'입니다. 한쪽이 상승하면 다른 한쪽도 상승할 가능성이 높고, 한쪽이 하락하면 다른 한쪽도 하락할 가능성이 높으니까요. 같은 자산끼리 조합한다면 위험을 줄이려는 자산배분의 목표를 달성할 수 없습니다.

채권과 주식은 통상 상관관계가 낮은 자산이라고 봅니다. 서로 반대 방향으로 움직인다는 뜻이지요. 왜 그럴까요? 이는 두 자산의 성격이 다르기 때문입니다. 주식은 채권에 비하면 상대적으로 위험자산입니다. 위험자산 선호도가 높아지면 안전자산 선호도는 낮아집니다. 안전자산 선호도가 높아지면 위험자산 선호도가 낮아지고요. 물론 채권과 주식이 항상 다른 방향으로 움직이는 것은 아닙니다. 역사적으로 극심한 인플레이션 상황일 때 주식과 채권은 비슷한 방향으로 움직였습니다. 극심한 인플레이션은 화폐로 표시되는 모든 금융자산의 가치를 떨어뜨리니까요.

그렇다면 자산배분, 어떻게 하면 좋을까요? 1926년부터 2019년까지, 무려 94년간 미국의 주식과 채권 자산배분의 성과를 시각화한 자료가 있어 살펴보았습니다.

미국의 94년간 자산배분 성과(주식과 채권)

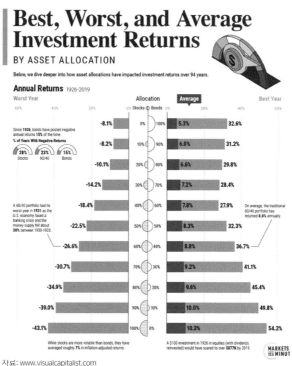

자료: www.visualcapitalist.com

주식100%·채권 0%, 즉 주식으로만 이루어진 자산배분 조합은 모든 자산배분 중 가장 높은 10.3%의 평균수익률을 기록했습니다. 물론 최고 수익률 54.2%, 최저 수익률 -43.1%로 모든 조합 중 변동성도 가장 컸구요. 주식 60%·채권 40% 조합의 평균수익률은 8.8%, 주식 40%·채권 60% 조합의 평균수익률은 7.8%였습니다. 두 조합 모두 주식100%·채권 0% 조합보다는 변동성이 크지 않네요. 물론 이는 미국 자료이자 과거 자료로 참조만 할 뿐입니다. 하지만 자산배분의 장기성과 결과, 서로 성격이 다른 자산을 섞으면 변동성이 줄어든다는 사실만은 '참'인 듯 합니다.

자산배분에 대한 이해를 돕고자 주식과 채권, 두 가지 자산의 단순한 조합으로 설명했습니다. 그러나 두 조합만으로 위험을 줄이고자 하는 자산배분의 목표가 완전히 달성되기는 어렵습니다. 전통적 자산배분이라 여겨지는 주식 60%·채권 40% 조합도 위 자료에서 보듯이 위험이 적지는 않으니까요. 미국의 투자자이자 헤지펀드 매니저인 레이 달리오Ray Dalio는 어떠한 경제 상황에서도 위험은 줄이면서 지속적으로 성과를 낼 수 있는 '올 웨더 포트폴리오All Weather Portfolio'를 고안한 사람으로 유명합니다. 그가 고안해 낸 자산배분 조합은 미국 주식 30%, 미국 장기채 40%, 미국 중기채 15%, 금 7.5%, 원자재 7.5%입니다. 미국 역사상 세계경제대공황 이후 가장 큰 시장하락을 경험했던 2008년에도, 레이 달리오의 자산배분 수익률은 -3.17% 였습니다. 동 시기, 주식 60%·채권 40% 배분 수익률은 -20.2%, 주식 40%·채권 60% 배분 수익률은 -11.78%, 주식 100% 수익률은 -37.04% 였고요(Portfolio Visualizer 제공). 물론 이러한 자산배분이 늘 좋은 성과를 가지고 온다고 말할 순 없습니다. 그러나 분명 서로 다른 자산의 조합으로 위험을 줄이고자 하는 자산배분 전략은 하나의 자산으로 투자하는 것보다 투자목표 달성 가능성을 높일 수 있습니다.

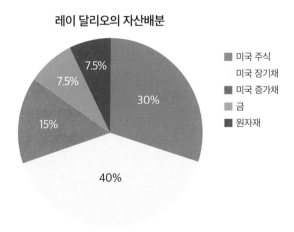

레이 달리오의 자산배분

- ■ 미국 주식
- □ 미국 장기채
- ■ 미국 중가채
- ▨ 금
- ■ 원자재

30%

7.5%

7.5%

15%

40%

앞서 언급한 예일대 기금운용 책임자 데이비드 스웬슨은 개인이 쉽게 할 수 있는 자산배분 전략도 소개했는데요. 그의 자산배분은 미국 주식 30%, 해외 선진시장 주식 15%, 해외 신흥시장 주식 5%, 전통국채 15%, 물가연동채 15%, 부동산 리츠[9] 20%였습니다.

소위 말하는 투자 고수들의 자산배분을 소개한 이유는 '이렇게 하라'가 아니라 '위험을 줄이기 위해 서로 다른 성격의 자산을 이렇게 배치할 수도 있다'라는 사실을 보여드리기 위함입니다. 자산배분은 내 투자성향과 투자목표에 맞게 하면 됩니다. 분명한 것은 '위험을 줄여 성과를 만들어내기 위해서는 반드시 자산배분이 필요하다'는 점입니다.

---

9) 부동산 리츠란 다수의 투자자로부터 자금을 모아 부동산 및 부동산 관련 증권 등에 투자·운영하고 그 수익을 투자자에게 돌려주는 간접투자상품입니다.

Q. 한 번 자산배분하면 그대로 놔둬도 될까요?

↳ 적극적 위험관리 방법이라 할 수 있는 리밸런싱을 수행하면 좋습니다.

1억 원으로 '채권 40%·주식 60%'로 자산배분하여 투자했다고 가정해 보겠습니다. 위험자산 선호도가 상승하는 국면에서 주가가 올라 주식 평가액은 전체의 70% 비중이 되고 채권 평가액은 30% 비중이 되었습니다. 자산가격 변동에 의해 자산배분 비중이 달라진 셈입니다. 이때 가격이 오른 주식을 일부 매도하고(이익 실현), 그 자금으로 가격이 싸진 채권을 매수하여(저가 매수) 원래의 비중, '채권 40%·주식 60%'으로 맞춰주는 작업을 할 수 있습니다. 이것이 바로 '리밸런싱Rebalancing'입니다. 리밸런싱은 가격 변동에 의해 자산별 비중이 달라졌을 때 원래의 비중대로 조정하는 작업을 의미합니다.

이해를 돕기 위해 더 구체적으로 예를 들어 설명해 볼게요. 2,000만 원으로 미국채 ETF와 코스피 ETF에 각각 1,000만 원씩 투자했습니다. 투자 후 글로벌 주식시장 침체 여파로 코스피 ETF는 30% 하락, 미국채 ETF는 10% 상승했다고 가정해 볼게요. 이에 코스피 ETF 투자금은 700만 원이 되었고, 미국채 ETF 투자금은 1,100만 원이 되었습니다. 2,000만 원 투자금이 1,800만 원으로 줄어들었지요. 이때 원래의 비중 5:5로 맞춰주는 리밸런싱을 진행합니다. 즉 1,800만 원을 각 900만 원씩 나누어 코스피 ETF는 200만 원을 매수하고(700만 원 ⇨ 900만 원), 미국채 ETF는 200만 원을 매도합니다(1,100만 원 ⇨ 900만 원). 리밸런싱 후 다시 경기가 반등하여 주식시장 상승 국면이 되었습니다. 이번에는 코스피 ETF는 30% 상승, 미국채 ETF는 10% 하락했다고 가정해 볼게요. 이에 따라 코스피 ETF 투자금은 1,170만 원(900만 원에서 30% 상승), 미국채 ETF 투자금은 810만 원(900만 원에서 10% 하락)이 됩니다. 총 투자금은 1,980만 원이 되었습니다. 초기 투자금 2,000만 원이 리밸런싱 과정을 거쳐 1,980만 원이 된 셈입니다(1% 손실). 만약 리밸런싱을 하지 않은 상태에서 반등했다면 코스피 ETF 투자금은 910만 원(700만 원에서 30% 상승), 미국채 ETF 투자금은 990만 원(1,100만 원에서 10% 하락)이 되고, 합계 1,900만 원이 되었을 겁니다(5% 손실).

• 투자금: 2,000만 원
• 자산배분: 미국채 ETF 50%(1,000만 원) + 코스피 ETF 50%(1,000만 원)
  (편의상 미국채 ETF는 채권, 코스피 ETF는 주식으로 표기함)

리밸런싱 한 경우

리밸런싱 안 한 경우

리밸런싱 방법과 효과의 이해를 돕기 위한 단순한 가정이었습니다. 위 가정대로 시장 하락 후 반등이 있다면 리밸런싱 하지 않고, 그대로 둬도 회복됩니다 (-10% ⇨ -5%). 그러나 리밸런싱으로 하락폭을 좀 줄였습니다(-10% ⇨ -1%). 위험을 줄였다는 이야기지요. 이처럼 리밸런싱은 자산배분의 위험을 '적극적으로' 관리하여 수익률을 제고하기 위한 좋은 방법입니다.

리밸런싱하지 않고 그냥 두는 것을 'Buy & Hold' 전략이라 합니다. 투자 후 지속적 상승장이라면 'Buy & Hold' 전략이 리밸런싱보다 낫습니다. 하지만 시장은 그렇지 않습니다. 늘 상승과 하락을 반복합니다. 이를 예측하긴 어렵고요. 변동하는 시장에서 적극적으로 대응하는 방법이 리밸런싱인 셈입니다. 이를 잘 할 수 있으면 적극적으로 하는 것이 좋습니다. 그러나 '시장투자로 장기 투자하기' 원칙을 잘 지킨다면 굳이 안 해도 크게 걱정할 건 없습니다. 장기적 관점에서 보면 시장은 우상향하니까요. 도리어 너무 잦은 리밸런싱이 도움되지 않을 수 있습니다. 리밸런싱을 한다면, '극심한 시장 변화로 인해 원래의 비중에서 몇 % 이격이 났을 때 시행한다' 등과 같이 나만의 원칙을 세우는 것이 좋습니다. 이것이 '분기에 한 번, 반기에 한 번' 등과 같은 정기적 리밸런싱보다 '내가 쉽게 할 수 있는' 리밸런싱이기 때문입니다.

Q. 포트폴리오와 자산배분은 다른 개념인가요?

    ↳ 포트폴리오는 자산배분한 후 각 자산군 내에서 투자할 수 있는 상품들을 구성하는 것입니다.

좋은 작품 및 경력을 모아 자신의 실력을 보여주어야 하는 예술 분야에서 '포트폴리오Portfolio'란 용어가 종종 쓰입니다. 포트폴리오는 '작품들의 모음집'인 셈이죠. 자산배분, 포트폴리오, 분산투자 등과 같은 용어들이 구분 없이 쓰이고 있습니다. 사실 크게 문제될 건 없다고 봅니다. 하지만 엄밀하게 구분하면 자산배분은 분산투자보다 좀 더 넓은 개념이고, 포트폴리오는 자산배분 下에 구성된 투자상품들의 모음집입니다. 내 자산을 현금자산, 채권자산, 주식자산, 대체자산으로 자산배분하였고, 채권자산은 국내와 미국 장기채 ETF, 주식자산은 국내 시장 지수 ETF, 미국 시장 지수 ETF, 대체자산은 금 및 원자재 ETF로 나누어 투자한다고 가정하면 이 모든 상품의 모음집이 나의 포트폴리오가 되는 것입니다.

나의 자산 포트폴리오 예시

구분 1	구분 2	비중(%)	구체적 금융투자상품
현금자산		10	CMA
채권자산	국내	10	장기채 ETF
	해외	10	장기채 ETF
주식자산	국내	25	시장 지수 ETF
	해외	35	시장 지수 ETF
대체자산		10	금 및 원자재 ETF
합계		100	

'내 자산의 수익률이 괜찮다'라고 할 때는, 자산 포트폴리오의 수익률이 괜찮다는 의미입니다. 개별자산에서 손실이 나더라도 전체 포트폴리오 수익률을 나쁘지 않게 관리하는 것이 목표입니다. 이를 위해 몇몇 자산에 집중투자하지 않고, 서로 다른 자산에 자산배분하는 거고요. 앞서 살펴본 레이 달리오의 '올 웨더 포트폴리오'도 미국 주식, 미국 중기채, 미국 장기채, 금, 원자재로 크게 자산배분하고 각각 자산의 세부 투자상품은 ETF로 구성하고 있습니다. 이 전체가 '올 웨더 포트폴리오'인거죠. 전체 포트폴리오가 꾸준한 성과를 낼 수 있도록 이렇게 자산배분한 거고요. 이제 서로 간의 관계를 이해하시겠지요?

중요한 것은 자산배분 이후, 각 자산군에 맞는 적절한 투자상품을 택해야 한다는 점입니다. 보통 내 돈을 투자한다고 가정하면 '어떤 주식을 사지? 어떤 금융상품을 선택하지?' 이런 생각이 먼저 떠오릅니다. 이는 마치 앉기 전에 걷기부터 하는 신기한 아이와 같다고나 할까요? 위험을 줄이기 위해서는 자산배분부터 하고, 그 이후 투자상품을 선택해야 합니다.

Chapter 8. 정리 한 마디

투자성과의 핵심요인은 종목을 잘 선택하는 것도, 매수·매도 타이밍을 잘 맞추는 것도 아닌 자산배분입니다. 자산배분은 위험을 줄여 꾸준한 성과를 만들어내기 위해 반드시 필요합니다. 이제부터는 개별자산의 수익률보다 전체 자산 포트폴리오의 수익률을 잘 관리하기 위한 자산배분을 실천해 보세요.

Chapter 9
투자실전: 투자프로세스

우리는 한 번도 투자를 제대로 배워본 적이 없습니다.
투자를 할 때면 늘 단편적인 정보에 의존해,
큰 맥락 없이 그때그때 궁금한 사항을 해결하곤 했습니다.
하지만 인생사 모든 부분이 그렇듯 튼튼한 기초 없이
조각조각 올린 지식은 금방 무너지는 법입니다.
기초부터 튼튼히 해야 합니다.
이 책은 투자기초를 탄탄하게 하는 투자 기본서입니다.
여기까지 잘 따라왔다면 기초가 어느 정도 다져졌을 것입니다.
이제부터는 이 기초를 토대로, 실제로 내가 투자한다면
어떤 프로세스로 어떻게 투자하면 되는지에 대해
설명해 보겠습니다. 바라건대, 익힌 것을 꼭 실천해 보십시오.
구슬은 서 말이라도 꿰어야 보배입니다.

Q. 투자하기 전, 무엇부터 해야 할까요?
↳ 재무목표부터 수립해야 합니다.

요즘은 대부분의 금융거래를 모바일을 통해 합니다. 하지만 과거에는 금융
상품을 가입하기 위해 금융기관을 방문했고, 그곳에서 직원과의 상담을 통해
거래를 하곤 했습니다. 이때 직원에게 가장 먼저 어떤 질문을 하곤 했을까요?
'요즘 어떤 상품이 좋아요?', '이자 몇 %에요?' 아마 이런 질문이었을 겁니다. 보통
상품 가입으로 인해 얻을 수 있는 이익에 대한 질문을 먼저 했다는 뜻입니다.

이 예시는 어디서 본 적 있으시죠? 앞서 투자기초, 투자수익 부분에서 복리
에 대해 이야기하며 다루었습니다.

재무목표와 저축 및 투자 의사결정

구분	1Y	3Y	10Y	30Y
2%	243	743	2,659	9,871
5%	247	778	3,119	16,715
8%	251	816	3,683	30,006

*매월 20만 원 투입 가정

가로축은 시간(저축 및 투자기간), 세로축은 저축 및 투자를 통해 얻을 수 있는 수익(%)입니다. 내가 얻게 될 수익을 궁금해한다는 건, 가로축이 아닌 세로축에 먼저 관심을 보인다는 뜻입니다. 그러나 저축 및 투자 시 수익률보다 시간에 대한 고려가 앞서야 한다고 설명했습니다. '언제 필요한 자금을 만들기 위해 돈을 모으는 거지?' 이렇게 말입니다. 1년 후 자금을 써야 한다면 안전한 2% 적금에 가입해야 합니다. 설령 금융투자상품에 가입해 이보다 높은 수익이 날 수 있다고 가정하여도, 1년은 투자하기에 너무 짧은 시간입니다. 그러나 30년 후 노후자금을 위해 돈을 모은다면 2% 적금이 아닌 그보다 높은 수익을 바라며 투자해야 합니다. 그래야 돈이 성장할 수 있으니까요.

눈치채셨나요? '언제 필요한 자금을 위해 돈을 모은다' 이 말은 재무목표를 의미합니다. 재무목표는 쉽게 말해 인생 필요자금이 소요되는 목표를 말합니다. '3년 후 자동차를 구입하는 것, 5년 후 내 집 마련을 하는 것, 아이들 대학자금을 마련하는 것, 노후자금을 마련하는 것' 등이 모두 인생 재무목표입니다. 재무목표는 크게 필요한 것과 원하는 것으로 나누어 생각할 수 있습니다. 구입이든, 임차든 내 집 마련은 필요합니다. 노후자금도 반드시 필요합니다. 이러한 목표가 바로 필요한 목표죠. 결혼 10년 차 해외여행을 떠나기 위해, 갖고 싶은 고가의 물건을 사기 위해 돈을 모을 수 있습니다. 이러한 목표는 원하는 목표에 해당합니다. 목표 달성을 위한 재원이 많다면 필요한 것과 원하는 것 모두를 위해 돈을 모으면 됩니다. 하지만 한정된 재원을 가지고 있다면 우선순위를 두어야 합니다.

돈을 모으기 전 무엇부터 해야 하냐고요? 재무목표부터 선명하게 수립해야 합니다. '언제 필요한 자금이고, 얼마가 필요하다'와 같이 말입니다. 만약 세운 목표가 단기적 목표라면 투자하지 않고 저축하면 됩니다. 그러나 적어도 3년, 아니 5년 이상 중장기 목표라면 투자해야 합니다. 물가 이상의 수익을 추구해야 합니다. 우선 재무목표부터 수립하세요. 그리고 목표 중 투자해도 되는 목표와 투자하지 말아야 하는 목표를 구분해 보세요.

투자기간이 길어질수록 위험은 줄어듭니다.

위에서 본 '재무목표와 저축 및 투자 의사결정' 표를 보며 의문이 생기는 부분이 없었나요? 세로축에서 가정한 8%가 확정금리 8%도 아닌데 30년 후 약 3억 원이라는 돈이 만들어진다는 보장이 있을까요? 네, 맞습니다. 표에서 말하는 8%는 확정금리 8%가 아닙니다. 하지만 30년 장기투자 시 연 8% 수익률은 달성 불가능한 수치는 아니라고 봅니다.

국내 코스피 지수의 투자기간별 수익률(최대·최소·평균)

*기간: 2000년 1월~2017년 8월

자료: 미래에셋투자와연금센터

위 그래프는 국내 코스피 지수의 투자기간별 위험과 연평균 수익률을 나타낸 것입니다. 코스피 지수라 했으니 특정 종목투자가 아닌 시장투자 결과라 생각하면 됩니다. 투자기간이 1년인 경우 막대 그래프의 편차(변동성)가 큽니다. 즉 시장이 좋을 때 높은 수익률을 달성하기도 하지만 시장이 나쁠 때 손실이 너무 큽니다. 투자기간을 3년으로 늘리면 그 편차는 조금 줄어듭니다. 그러나 여전히 손실 가능성은 있습니다. 투자기간 5년이면 편차는 더 줄어듭니다. 투자기간 10년이면 편차가 상당히 줄어 평균수익률 8.3%에 수렴하게 됩니다. 최소 수익률도 2%로 마이너스 수익률을 기록하지 않았네요.

미국 S&P500 지수의 투자기간별 수익률(최대·최소·중앙값)

		5Y	10Y	15Y	20Y	25Y
1974~2021	High	28.56%	19.21%	18.93%	17.88%	17.25%
	Low	-2.35%	-1.38%	4.24%	5.62%	9.07%
	Median	14.02%	12.94%	10.71%	11.55%	10.76%

자료: www.wikiwand.com(S&P500)

이 같은 결과는 국내 투자에만 해당되는 것일까요? 미국의 대표적 시장 지수인 S&P500 지수 투자도 마찬가지 패턴을 보입니다. 1974년부터 2021년까지, 투자기간이 길어질수록 최대 수익률과 최소 수익률의 편차가 줄어듦을 확인할 수 있습니다. 15년 투자 시 최소 수익률에서 손실이 발생하지 않았고, 25년 투자 시 중앙값이 최소 수익률보다 높다는 것도 확인할 수 있네요. 물론 이는 과거의 데이터일 뿐입니다. 미래의 투자 결과도 이럴 거라고 장담할 수는 없지요. 하지만 시장 지수로 장기투자하는 것은 투자기간이 길어질수록, 변동성은 줄어들고, 이에 위험은 줄어든다고 말할 수 있을 듯 합니다. 이제 30년간 연 평균 8% 투자가 불가능한 이야기는 아니라는 말의 의미를 이해하시겠지요?

Q. 재무목표를 수립하였다면 그다음에는 무엇을 할까요?

↳ 재무상황을 점검하고, 이를 통해 투자가능자금을 확인해야 합니다.

목표가 수립되었다면, 목표 달성을 위한 구체적인 실천안을 마련해야 합니다.

이때 가장 먼저 해야 할 것은 목표 달성을 위한 자금(저축 및 투자가능자금)이 얼마 있는지 살펴보는 것입니다. 저축 및 투자가능자금은 어떻게 추출할 수 있을까요? 지금부터 아주 중요한 '내 돈 관리법'에 대해 설명하겠습니다. 이 부분은 돈을 벌고, 쓰고, 관리하는 모든 사람에게 필요한 부분이니 꼼꼼하게 이해하고, 숙지하고, 실천하면 좋겠습니다.

내 돈 야무지게 관리하는 법

현금흐름을 정리한다.

현금흐름이란 쉽게 말해 '들어오고 나가는 돈'을 말합니다. 들어오는 돈은 소득(수입)입니다. 근로를 통한 근로소득이든, 사업을 통한 사업소득이든, 기타소득이든, 들어오는 돈은 모두 수입입니다. 먼저 개인 혹은 가계에 들어오는 월간, 연간 수입을 정리하십시오. 이때 세후 실수령하는 소득을 기록하는 것이 좋습니다.

소득정리

(월) 정기소득		(연) 비정기소득	
근로소득		연차수당	
사업소득		정기상여금	
이자 및 배당소득		인센티브	
연금소득		휴가비 등	
기타소득			
합계		합계	
총계	(정기소득 × 12) + 비정기소득 = 연간소득		

소득은 지출과 저축 및 투자의 재원이 됩니다. 즉 일부는 현재 삶을 위해 쓰고, 일부는 미래를 위해 모은다는 뜻입니다. 소득은 고정값입니다. 물론 매년 월급이 인상되기도 하고, 생각지도 못한 소득이 발생하기도 하지만 거의 비슷한 고정값이라 볼 수 있습니다.

$$\text{소득} \;=\; \frac{\text{지출}}{\text{(현재 삶)}} \;+\; \frac{\text{저축 및 투자}}{\text{(미래 삶)}}$$

지금 보시는 소득에 대한 식은 돈 관리의 기본원칙이 무엇이 되어야 하는지 명확히 설명하고 있습니다. 첫째, 소득 범위를 벗어난 지출은 삼가야 합니다. 둘째, 저축 및 투자를 통한 자산형성은 적절한 지출관리를 통해서만 가능합니다. 지출이 과하면 모을 돈이 없기 때문입니다. 지출관리가 돈 관리의 기본이 되는 이유가 바로 이 때문입니다.

지출점검은 내가 어디에, 얼마를 쓰고 있는지 점검하는 것입니다. '어디에'가 바로 지출 항목에 해당되지요. 지출 항목에 얼마를 쓰고 있는지 점검하기 위해 아래의 표와 같이 항목을 나누었다고 가정해 보겠습니다. 보기 어떠신가요? 다소 산만해 보입니다. 뚜렷한 기준에 의해 잘 정리된 항목 분류는 아닌듯 합니다.

지출 세부항목 1

항목	금액	항목	금액	항목	금액
뷰티·미용		주거·통신		자동차	
의료·건강		금융		문화·여가	
교육·학습		여행·숙박		반려동물	
카페·간식		자녀·육아			
생활		경조·선물			
패션·쇼핑		식비			
술·유흥		온라인쇼핑			

이렇게 하면 어떨까요? 우리의 지출은 크게 2가지, 월 지출과 연 비정기지출로 구분할 수 있습니다. 연 비정기지출은 매월 지출하는 항목은 아니나 세금, 휴가비 등과 같이 연간 비정기적으로 발생하는 예측가능한 지출을 말합니다. 월 지출은 다시 고정성지출과 변동성지출로 분류할수 있습니다. 월세, 보장성 보험료와 같이 매월 고정적인 지출이 고정성지출이고 식비, 의류비 등과 같은 매월 금액 변동이 있는 지출이 변동성지출입니다. 연 비정기지출 역시 고정성과 변동성 지출로 구분할 수 있고요.

지출 분류

월 지출	월 고정성지출	• 내 의지와 상관없이 매월 비슷한 금액이 고정적으로 인출 • 월세, 대출이자, 보장성 보험료, 주거비, 통신비, 교통비 등
	월 변동성지출	• 내 의지로 조절이 가능한 지출 • 식비, 배달 음식비, 잡화비, 미용·의류비 등
연 비정기지출		• 매월 지출은 아니지만 연 비정기적으로 발생하는 지출 • 세금, 자동차보험료, 여행비, 의료비 등

지출 세부항목 2

월 지출			
고정성지출		변동성지출	
월세		식비(마트, 배달 음식 등)	
보장성 보험료		기타 잡화비	
대출이자		의류비, 미용비	
주거비		문화생활비	
통신비		기타	
교통비			
기타			
월 지출 합계			

연 비정기지출			
고정성지출		변동성지출	
주택 세금		여행비	
자동차 세금		명절 등 이벤트 비용	
자동차 보험료		의료비	
예) 헬스클럽 연간 회원권		수리비	
기타		기타	
연 비정기지출 합계			

'지출 세부항목 1'과 같은 분류보다 '지출 세부항목 2'의 분류가 한눈에 잘 들어오기도 하고, 지출을 정리하기도 용이할 것입니다. 소득 정리 후 '지출 세부항목 2'를 통해 먼저 지출을 꼼꼼히 점검해 보세요.

'예산'이란 말은 많이 들어보셨을 겁니다. 예산은 '돈 쓰기 계획'입니다. 300만 원 소득 중 200만 원 범위 내에서 지출하겠다고 생각하면 200만 원이 바로 예산입니다. 예산을 세우고 돈을 쓰는 것과 그렇지 않은 것의 차이는 꽤 큽니다. 물론 예산이 잘 안 지켜질 때도 있지만, 그래도 예산을 의식하며 돈을 쓸 수 있기 때문이죠. 예산이 있어야 소득에서 지출 예산을 뺀 나머지 돈을 계획적으로 모을 수 있습니다. 예산은 반드시 현재 지출 점검을 토대로 수립하는 것이 좋습니다. 아껴 써야겠다는 생각으로 현재 200만 원 쓰는 사람이 갑자기 150만 원으로 예산을 조정하면 십중팔구 예산 실천이 어렵기 때문입니다. 현 지출을 토대로 약간의 조정은 좋습니다. '현재 200만 원 쓰고 있지만, 10만 원만 덜 써봐야지' 이런 식으로 말입니다.

현재 지출을 점검한 후 이를 바탕으로 월 지출, 연 비정기지출 예산을 수립해 보세요. 소득과 지출을 정리하면 저축 및 투자가능자금을 가늠해볼 수 있습니다.

연 지출 예산

연 지출 예산 = [월 지출 예산 × 12] + 연 비정기지출 예산

저축 및 투자가능자금

월 소득 − 월 지출 예산 = 월 저축 및 투자가능자금

연 비정기소득 − 연 비정기지출 = 연 비정기저축 및 투자가능자금[10]

---

10) 연 비정기소득이 발생하는 소득구조라면 연 비정기소득에서 연 비정기지출을 충당하는 것이 좋습니다.
　　이때 통장은 월급통장과는 별도의 통장에서 관리하는 것이 좋고요.
　　비정기지출을 충당하고도 남은 잉여자금은 저축 및 투자할 수 있는 자금이 됩니다.

이 과정까지 마치셨다면 현금흐름표를 이렇게 정리해 보세요. 유입 항목을 왼쪽에, 유출 항목을 오른쪽에 기입하고, 이 때 유입과 유출 각각의 합계는 같아야 합니다.

현금흐름표 작성 예시

유입	금액	유출	금액
정기소득 비정기소득		고정성지출 변동성지출 (연)비정기지출	
		지출합계	
		저축 및 투자 합계	
유입 합계		유출 합계	

이렇게 현금흐름을 정리하면 소득 범위 내에서 지출하고 있는지, 어디에 많이 지출하고 있는지, 소득대비 지출 비중은 얼마인지, 소득대비 저축 및 투자 비중은 얼마인지 등을 파악할 수 있습니다. 이를 통해 새로운 지출 계획, 저축 및 투자 계획도 수립할 수 있구요. 재무목표를 수립한 후에 현금흐름부터 정리해야 한다고 말한 이유를 이제 아시겠지요?

현금흐름 정리를 통한 Checklist

내용	체크
• 소득 범위 내에서 지출하고 있나요?	☐
• 소득 중 지출 비중은 어느 정도인가요?	☐
• 어디에 가장 많이 지출하고 있나요?	☐
• 소득 중 저축 및 투자 비중은 어느 정도인가요?	☐
• 향후 현금흐름 조정이 필요하다면 어떻게 할 수 있을까요?	☐

자산부채상태를 정리한다.

현금흐름과 함께 자산과 부채를 정리해 보세요. 자산은 경제적 가치를 지닌 재화를 의미합니다. 부채는 남에게 지고 있는 빚을 의미하고요. 자산과 부채는 현금흐름과 마찬가지로 같은 종류끼리 보기 좋게 분류합니다.

자산은 크게 실물자산과 금융자산으로 나눌 수 있습니다. 부동산이 대표적인 실물자산입니다. 유동성자산, 비금융투자자산, 금융투자자산 등이 금융자산에 포함되고요. 자산을 성질이 비슷한 것끼리 분류하면 다음과 같습니다.

자산의 분류

실물자산	금융자산
• 부동산 자산(주거용, 투자용) • 기타 실물 자산(자동차, 회원권 등)	• 유동성 자산(현금 및 입출금) • 비금융투자자산(예적금, 저축성 보험 등) • 금융투자자산(채권, 주식, 펀드, ETF 등) • 기타 금융자산(개인 대여금 등)

*임차보증금(전세자금)은 주거용 부동산자산에 포함시킬 수 있습니다.

부채는 크게 담보대출, 신용대출(비담보대출), 기타대출(할부잔액 등)로 나눌 수 있습니다. 임대보증금도 돌려줘야 하는 자금이니 부채에 포함되고요. 부채 분류는 다음과 같습니다.

부채의 분류

부채 1	부채 2
• 담보대출 • 신용대출 • 외상 및 할부 구입에 따른 미결제 잔액	• 임대보증금

자산, 부채 분류 방식을 적용해서 자산부채상태표를 만들어 보세요. 일정한 양식을 준수해야 한다기보다, 위 분류 방식처럼 성질이 같은 것끼리 묶어 하나의 표로 보기 좋게 작성하면 됩니다. 이때 총자산은 왼쪽에, 총부채 및 순자산(총자산 - 총부채)은 오른쪽에 표기합니다.

자산부채상태표 예시 1

총자산	금액	총부채 및 순자산	금액
금융자산 부동산자산 기타자산		단기부채 중장기부채	
		순자산	
합계		합계	

*위에서 설명한 부채를 상환하는 시점을 고려하여 단기부채, 중장기부채로 구분하여 작성해도 좋고 아니면 담보대출, 신용대출 등으로 구분하여 작성해도 됩니다.

자산부채상태표 예시 2

총자산		금액	총부채 및 순자산		금액
금융자산	유동성 비금융투자 금융투자		단기부채	카드론 할부잔액 마이너스통장	
연금자산	퇴직연금 개인연금		중장기부채	담보대출 신용대출 기타	
부동산 및 기타 자산	주거용 투자용 기타				
			순자산		
합계			합계		

*노후준비 상태를 한 눈에 파악하고 싶다면 연금자산을 금융자산과 구분하여 표기할 수 있습니다. 다만 국민연금과 같은 공적연금은 개인이 준비하는 퇴직연금, 개인연금과 성격이 달라 표기하지 않습니다(연금자산에 대한 구체적인 설명은 Chapter 10에서 하겠습니다).

자산부채상태표를 통해 부동산자산과 금융자산의 비중, 총자산 대비 총부채 비중, 연금자산 준비 정도, 비상예비자금, 투자가능자금 등을 파악할 수 있습니다. 자산부채상태표는 특정 시점의 자산과 부채를 정리한 것입니다. '매년 1월과 7월에', 혹은 '매년 연말에 한 번' 이렇게 주기적으로 정리해보면 좋겠습니다.

자산부채 정리를 통한 Checklist

내용	체크
• 부동산자산과 금융자산 비중은 어떤가요?	☐
• 총자산 대비 총부채 비중은 얼마인가요?	☐
• 비상예비자금은 있나요?(유동성자산 보유 여부)	☐
• 금융자산 중 투자자산 비중은 얼마인가요?	☐
• 연금자산 준비 정도는 어떤가요?	☐
• 목표 달성을 위한 투자가능자금은 얼마인가요?	☐

현금흐름과 자산부채상태를 정리하는 이유는 저축 및 투자가능자금을 파악하기 위함입니다. 투자가능자금을 파악했다면 이제 재무목표 달성을 위한 투자 실천안을 작성할 수 있습니다.

현금흐름을 정리해 보았더니, 월 정기소득 300만 원, 월 지출합계 200만 원, 월 저축 및 투자가능자금이 100만 원이었다고 가정해 봅시다. 100만 원은 재무목표 달성을 위해 돈 모으기가 가능한 자금입니다. 만약 재무목표가 '1년 후 친구들과 해외여행', '5년 후 내 집 마련 자금' 이라 가정해 볼게요. 100만 원으로 2개의 목표 달성을 위해 돈을 모아야 한다면 여러분은 어떻게 하시겠습니까?

저축 및 투자 의사결정에서 우선적으로 고려해야 할 것은 재무목표입니다. 재무목표가 기준이 되어 저축할지, 투자할지 결정해야 합니다. '1년 후 친구들과 해외여행'은 단기 목표입니다. '5년 후 내 집 마련 자금'은 중장기 목표고요. 이 목표 달성을 위해 100만 원을 잘 나누어야 합니다. 아래 실천안 예시를 보면 월 100만 원으로 단기 목표 달성을 위해 20만 원 저축, 중장기 목표 달성을 위해 80만 원을 투자하기로 했습니다. 물론 목표 달성을 위해 모으는 돈이 부족할 수 있습니다. 그러나 크게 개의치 마십시오. 상황에 따라 목표를 조정할 수도 있고, 급여인상으로 투자금을 늘릴 수도 있고, 투자기간을 늘릴 수도 있습니다. 목표는 한 번에 달성하기 어렵습니다. 이루어가는 과정을 경험해야 합니다. 여기서 중요한 것은 '재무목표에 따른 저축 및 투자

의사결정을 할 수 있느냐, 없느냐?'입니다. 저축해야 할 목표에 투자하고, 투자해야 할 목표에 저축하면, 돈은 결코 성장하지 않습니다. 그렇게 되면 재무목표 달성이 어려워집니다.

재무목표에 따른 저축 및 투자 의사결정

단기 목표	중장기 목표
• 안정성	• 수익성
• 저축(비금융투자상품)	• 투자(금융투자상품)

재무목표 달성을 위한 실천안 예시

재무목표	준비기간	필요자금	저축 및 투자자금(월)	실천안
해외여행	1년	300만 원	20만 원	저축(적금)
내 집 마련	5년	1억	80만 원	투자(적립식 인덱스 펀드 등)

Q. 투자성향을 파악해야 하나요?

↳ 투자성향 파악은 나를 알고, 나에게 맞는 투자를 하기 위해 필요합니다.

투자하기 전 나의 투자성향을 파악해야 합니다. 나의 위험수용성향은 어떠한지, 나의 심리적 편향 가능성이 있는지, 나의 투자 지식수준과 태도 수준은 어떠한지 등이 투자성향에 해당됩니다(투자소양이라고 표현해도 좋을 듯 합니다). 투자성향을 알고 투자하면 그나마 성공투자 가능성이 높아집니다.

위험수용성향이 지나치게 낮아, 투자로 인해 일상이 힘들어진다면 차라리 투자를 하지 않거나, 위험자산 비중을 아주 낮추어야 합니다. 하지만 곰곰이 생각해 보세요. 지금까지 공부했던 대로 투자위험을 알고, 위험을 관리하면서 중장기적으로 자산을 성장시키는 방법을 알고 투자한다면, 투자로 인해 일상이 망가질 정도로 힘들까요? 투자로 인한 불편함은 '투자를 몰라서'였을 가능성이 높습니다. 이렇게 찬찬히 공부하는 이유도 잘 모르고 하는 투자로 인한 불편함이나 불안감을 줄이기 위함이니까요.

Q. 투자목표와 투자성향에 맞는 자산배분, 어떻게 할까요?

⤷ 투자목표(투자가능기간), 투자성향, 전체 포트폴리오의 기대수익률을 고려하여 자산배분합니다. 그 후 자산배분에 맞는 금융투자상품을 선택합니다.

재무목표를 수립하고 저축 및 투자가능자금을 파악하면, 재무목표 중 투자해도 되는 목표(투자목표)와 이를 위해 투자가능한 자금을 산출할 수 있습니다. 더불어 투자하기 전 투자성향까지 파악해 보았다면 실제 투자를 실천하기 위한 기본 준비사항은 다 마친 셈입니다. 이제 지금까지 배운 자산배분과 금융투자상품에 대한 이해를 바탕으로 나의 투자목표 달성을 위한 실천안을 수립해 보겠습니다.

투자성과의 핵심은 종목 선정도, 마켓타이밍도 아닌 자산배분에 있습니다. 따라서 자산배분부터 해야 합니다. 투자목표 달성을 위한 투자가능자금을 어떻게 서로 다른 자산군으로 나누면 될까를 고민하는 겁니다. 자산배분을 했다면 이후 각 자산군에 맞는 구체적 금융상품을 선택합니다. 자산배분 후 구체적 금융상품까지 선정했다면, 그것이 바로 투자목표 달성을 위한 나의 자산 포트폴리오가 됩니다. 그리고 한 가지 더! 자산을 배분할 때 전체 포트폴리오의 기대수익률도 고려하세요. 기대수익률은 높으면서 현금성, 채권자산 비중이 더 높다면 이는 올바른 자산배분이라 보기 어려우니까요.

자, 이제 가상의 상황을 통해 투자목표 달성을 위한 실천안을 마련해 보겠습니다. 이제 첫 발을 내디딘 사회초년생과 같이 당장 투자할 목돈이 없는 사람도 많으니, 직장인이라면 반드시 잘 알고 운용해야 하는 퇴직연금[11]을 가지고

---

11) 퇴직연금에 대한 구체적 설명은 Chapter10에서 다룹니다. 여기서 예를 든 퇴직연금은 스스로 관리하고 운용해야 할 의무가 있는 DC형 퇴직연금을 말합니다.

실천안을 수립해 보겠습니다.

직장인 A씨(43세)의 DC형 퇴직연금 적립금이 5,000만 원이라고 가정해 보겠습니다. 이 자금은 퇴직 이후 노후자금입니다. 투자목표가 노후자금 마련(투자가능기간 12년 이상)이라는 뜻입니다.

A씨의 DC형 퇴직연금 운용 목표

투자목표	55세 이후 노후자금 마련
투자가능기간	약 12년 이상
투자가능자금	5,000만 원
투자성향	적극투자형
(투자기간을 고려한)연 기대수익률	5~7% 정도

5,000만 원 목돈에 대한 자산배분과 자산군에 맞는 금융투자상품을 어떻게 선택하면 좋을까요? 투자성향에 따라 5,000만 원 자산배분은 모두 다를 수 있지만 이와 같이 구성했다고 가정해 보겠습니다.

중장기 목표임을 감안하여 전체 포트폴리오 연 평균 수익률을 5~7% 정도로 고려하였습니다. 목표수익률을 고려한 자산배분은 현금자산 15%, 채권자산 20%, 주식자산 55%, 대체자산 10%입니다(현금 및 채권자산 수익률 약 3%, 주식 및 대체자산 수익률 약 8% 가정. 그리고 DC형 퇴직연금의 위험자산 비중은 70%를 넘지 못함). 자산배분 후 각 자산에 맞는 금융투자상품을 선택하였습니다. 모두 ETF 투자를 선택하였고, 퇴직연금은 국내 상장 ETF 투자만 가능하므로, 국내 상장 ETF 중 채권은 국내와 미국 장기채, 주식은 우리나라 코스피 200 지수와 미국 S&P500 지수 투자를, 대체자산은 금 ETF 투자를 고려하였습니다.

A씨의 퇴직연금 운용 목표 달성을 위한 포트폴리오

구분 1	구분 2	비중(%)	구체적 금융투자상품
현금자산		15	예수금
채권자산	국내	5	(국내 상장) 장기채 ETF
	해외	15	(국내 상장) 미국 장기채 ETF
주식자산	국내	20	(국내 상장) 코스피200 ETF
	해외	35	(국내 상장) 미국 S&P500 ETF
대체자산		10	(국내 상장) 금 ETF
		100	

이는 어디까지나 이해를 돕기 위한 하나의 예시일 뿐입니다. 자산배분과 각 자산에 맞는 금융투자상품은 자신의 상황에 맞게 선택하면 됩니다. 중요한 것은 투자 의사결정을 하는 과정에 대한 이해입니다. '그냥 남들도 투자한다고 하니, 나도 해볼까?'가 되지 않았으면 좋겠습니다. 체계적 프로세스에 의한 신중한 투자가 되었으면 좋겠습니다. 나의 소중한 돈이니까요.

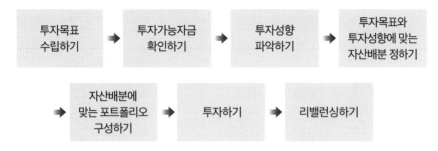

투자목표 달성을 위한 투자 의사결정 프로세스

투자목표 수립하기 ➡ 투자가능자금 확인하기 ➡ 투자성향 파악하기 ➡ 투자목표와 투자성향에 맞는 자산배분 정하기

➡ 자산배분에 맞는 포트폴리오 구성하기 ➡ 투자하기 ➡ 리밸런싱하기

'리밸런싱하기'는 투자기간 중 경제 상황 혹은 목표 시점 도래에 맞게[12] 자산배분의 비중 자체를 변경한다든지, 자산군의 가격변동에 따라 비중을 원래대로 맞추든지 등의 작업을 모두 포함합니다.

방금 보여드린 프로세스는 목돈에 대한 자산배분이었지만, 월 투자금에 대한 프로세스도 이와 다를 바가 없습니다. 월 적립식 투자는 변동하는 시장 자체를 꾸준히 매수하는 건강한 투자방식입니다. 앞서 공부했던 대로 적립식 약정에 의한 펀드투자든, 매월 일정 금액을 동일한 날에 매수하는 방식의 ETF 투자든 다 좋습니다.

시장 상황을 크게 염두에 두지 않고, 중장기적 목표 달성을 위해 규칙적으로 투자해 보세요. 이 방법이 내가 일을 해서 돈을 버는 것처럼, 내 돈도 일하게 만들어 돈이 돈을 벌 수 있게 하는 가장 좋은 방법입니다.

이제 스스로 투자 프로세스에 맞춰 투자 실천안을 수립하고 실천할 수 있겠지요? 주먹구구식 투자 말고 제대로 알고 체계적으로 투자하여 바라는 목표 달성을 할 수 있기를 바랍니다.

---

12) 목표 시점, 즉 은퇴 도래 시점이 다가오면 자금의 인출을 고려해야 합니다. 이에 주식과 채권 비중의 조정이 필요합니다. '투자기간이 많이 남아 있으면 주식 비중을 높게, 그렇지 않으면 채권 비중을 높게' 이런 식입니다.

Q. 포트폴리오가 수립되면 언제 실천해야 할까요?
　　↳ 시장은 예측 불가능한 존재입니다.
　　　투자 프로세스에 입각해 투자 실천안을 마련했다면 당장 투자하셔도 됩니다.

싸게 사서 비싸게 팔고 싶은 마음은 누구나 마찬가지입니다. 하지만 언제가 싼지, 언제가 비싼지 아무도 모릅니다. 실천안을 수립해도 더 싸게 살 수 있는 시점을 기다리느라, 실천을 못하는 경우가 참 많습니다. 다행히 적정 시점을 만나면 좋으나, 대부분은 그런 시점을 잘 만나지 못합니다. 당연하지요. 그 시점을 알 수는 없으니까요. 투자 프로세스에 입각해 실천안이 수립되었다면, 목표 달성을 위한 실천은 바로 하는 게 좋습니다. 한꺼번에 목돈을 일시에 투자함으로써 발생할 수 있는 위험을 헤지하기 위해 자산배분 및 적립식 투자를 강조한 것입니다. 만약 투자할 자금규모가 크다면 이를 투자대기자금통장(예: CMA계좌)에 넣어두고 일부씩 투자해도 좋습니다. 1,000만 원을 '월 100만 원씩 10번 분할매수' 이런 식입니다. 투자 시기를 분산하는 것입니다. 이 또한 위험을 헤지하기 위함이고요. 투자 시기를 고민하는 것보다 이런 식으로 분할 투자하는 것이 훨씬 위험을 줄일 수 있는 투자 방법입니다.

Chapter 9. 정리 한 마디

'여유자금이 있으니, 남들 투자할 때 나도 투자해볼까?'

이런 투자 이제 하지 맙시다. 투자 프로세스에 따라 체계적으로 투자합시다. 목표부터 수립하고, 투자가능자금도 계산해보고, 자산배분도 해보고, 적합한 금융투자상품도 선택해 보세요. 투자할 자금도 적은데 뭐 이리 거창한 프로세스를 밟아야 하냐고요? 아닙니다. 투자금이 적어도 '위험이 수반된' 투자를 하는 겁니다. 투자 프로세스는 위험을 관리하기 위한, 그래서 내 돈을 지키기 위한 최소한의 대비책입니다.

Chapter 10
단돈 만 원으로도 시작할 수 있는 노후준비

인생 재무목표 중 가장 장기간,
가장 많은 돈이 필요한 재무목표는 노후자금 마련 목표입니다.
벌지 않고 쓰기만 하는 기간이 자그마치 3~40년은 될 테니까요.
투자 공부를 했어도 여전히 투자가 두려우세요?
그렇다면 단 하나의 재무 목표,
'노후자금 마련'을 위해서만 투자해 보세요.
이렇게 말할 수 있는 건 투자위험을 줄여주는 강력한 무기가
바로 '시간'이기 때문입니다. 다행히 노후자금 마련을 위한
시간은 다른 재무목표 달성을 위한 시간보다 많습니다.
제목처럼 노후준비는 단돈 만 원으로 시작해도 괜찮습니다.
돈과 시간 중 시간의 힘이 강력하게 작용할 수 있는
재무목표니까요.

Q. 벌써 노후준비가 필요할까요?

    ↳ 노후준비, 빠르면 빠를수록 편하게 할 수 있습니다.

이 질문에 대한 답은 1초의 망설임도 없이 '네'입니다. 여러분도 이렇게 답할 수 있다면 지금까지 투자 공부 잘하신 겁니다. 노후준비, 빠르면 빠를수록 편하게 할 수 있습니다. 돈의 성장에 시간과 수익률은 연료인 셈입니다. 빨리 시작하고 수익률을 높여주면 적은 돈이라도 차곡차곡 성장합니다.

한동안 '라떼 효과'란 용어가 많이 회자되었지요? 라떼 효과란 매일 습관적으로 마시는 커피 한 잔 값을 차곡차곡 투자하면 생각보다 큰 노후자금을 만들

수 있다는 뜻의 용어입니다. 30세 직장인이 하루에 한 잔 커피값 5천 원을 아껴 적립식펀드에 투자하면(연 4% 수익률 가정), 30년 경과 후 60세에 자그마치 1억 4,000만 원이 넘는 돈을 모을 수 있습니다. 20세 청년이 매일 5천 원 아껴 40년간 투자하면(연 8% 수익률 가정) 60세에 5억 원이 넘는 돈을 마련할 수 있고요. 생각보다 푼돈 장기투자의 힘이 강력하지요?

많은 사람들에게 '노후'의 모습은 그리 긍정적으로 그려지지 않습니다. 이는 준비가 제대로 되어있지 않기 때문입니다. 현재를 살아가느라 미래 준비는 늘 뒷전이었으니까요. 노후가 걱정되기 시작하는 시점, 그래서 '준비해볼까?' 하는 시점은 늘 노후가 코앞에 닥친 뒤였습니다. 노후준비에 필요한 시간의 힘을 전혀 빌리지 못했다는 뜻이지요. 라떼 효과에서 말하고자 하는 것은 습관과 시간의 힘입니다. 지금 바로 시작하는 노후준비는 노후의 모습을 긍정적으로 그릴 수 있게 도와줍니다.

Q. 왜 연금을 준비해야 하나요?

↳ 지금 월급으로 살아가는 것처럼, 노후에도 월급으로 살아가야 합니다.

은퇴 후 60세에 현금 10억 원이 있고, 이 돈으로 30년 살아가야 한다고 가정해 볼게요. 여러분은 이 돈을 어떻게 쓰고, 어떻게 관리하시겠습니까? 단순하게 계산해서 '10억 원을 30년으로 나누면 일 년에 약 3,400만 원. 이를 12개월로 나누면 월에 약 280만 원 쓸 수 있으니 일 년치 필요한 돈만 두고 나머지는 예금해 놓고, 또 1년 치 돈을 인출하고, 나머지는 예금하고...' 혹시 이런 생각이 머릿속을 스치나요? 그렇다면 이 생각의 허점을 찬찬히 짚어보겠습니다.

첫째, 월 280만 원 이상 돈 쓸 일이 생기기도 합니다. 그래서 필요한 돈을 더

인출해서 쓰면 나중에 써야 할 돈은 줄어듭니다. 한정된 자원이 예측불가능한 일들로 종종 소진될 수 있다는 뜻입니다. 둘째, 물가가 올라 280만 원으로 살기가 점점 빠듯해집니다. 무려 30년이란 긴 세월입니다. 이 기간 동안 물가상승률을 고려하면 280만 원에 물가상승률만큼의 돈이 더 필요합니다. 셋째, 노후 초기엔 은행마다 금리를 비교해 상품을 가입하는 것이 어렵지 않지만, 갈수록 남아있는 목돈 관리가 힘들어집니다. 지금과 같지 않은 노후시기의 자산관리임을 고려해야 합니다. 넷째, 10억 원은 큰 돈이나, 계속 잔고가 줄어드는 모습을 보면 불안해집니다. 혹여 30년 이상 살게 되면 잔고가 바닥나 생활이 힘들어지겠지요. 수명연장에 대한 고려가 전혀 없습니다. 이외에도 생각할 부분은 많지만 이 가정의 핵심적인 허점은 바로 이 4가지입니다.

노후준비의 핵심

노후자금은 목돈Asset이 아닌 소득Income 형태로 준비해야 합니다. 물론 목돈도 필요합니다. 노후시기 가장 큰 리스크 중 하나인 중대질병 치료에 필요한 자금 등, 목돈 소요 가능성도 있으니까요. 하지만 생활비만큼은 반드시 소득 형태로 준비해야 합니다. 지금 월 소득을 기반으로 생활하는 것처럼 말입니다. 급여를 지금처럼 월 단위로 주지 않고, 1년에 한 번 목돈으로 준다고 가정해 보세요. 1년이니 오히려 목돈이 생겨 괜찮다고 생각하시나요? 1년이 아니라 3~40년이라면요? 노후에는 지금처럼 왕성하게 생각하고 활동하기 쉽지 않습니다. 한 달 월급을 다 써도 다음 달 월급이 나와 안심되는 것처럼, 노후자금도 월급처럼 따박따박 받을 수 있어야 안심됩니다. 노후의 월급이 바로 연금입니

다. 많은 전문가들이 노후준비의 핵심을 연금준비라고 이야기하는 이유가 바로 이 때문입니다.

Q. 공적연금과 사적연금이 뭐예요?
  ↳ 연금의 운용주체가 국가인 연금이 공적연금이고, 기업이나 개인이 운용주체가 되는 연금이 사적연금입니다.

노후준비를 개인이 오롯이 혼자 할 수 있을까요? 만약 노후준비에 대한 어떠한 제도적 장치도 없이 혼자 힘으로 해야 한다면, 아주 부자인 소수를 제외하고 국민 대부분은 노후 생활고에 시달리게 될 겁니다. 한 두 해 살아가야 하는 게 아니고 너무 오랫동안 살아가야 하니까요. 그래서 전 세계 대부분의 나라에서는 노후준비를 위한 제도적 장치를 마련하고 있습니다. 그게 바로 공적연금입니다. 공적연금은 국가가 운영주체가 되는 연금을 말합니다. 공적연금은 미래 발생할 수 있는 빈곤 위험을 분산하기 위한 사회안전망입니다. 더불어 공적연금의 부재로 발생할 수 있는 여러 사회적 비용에 대비하기 위한 보험과 같은 성격을 띱니다. 그래서 공적연금을 사회보험방식으로 운영되는 연금이라 부릅니다.

우리나라의 4대 공적연금은 다음과 같습니다. 일반 국민 대상의 국민연금, 특수직 종사자를 대상으로 하는 공무원연금, 사학연금, 군인연금이 바로 그것입니다. 공적연금은 '나'와 '회사, 기관, 국가 등'이 함께 만들어 나가는 연금입니다. 즉 연금을 만들어 가는데 있어, 나도 돈을 보태는 '기여연금'이란 뜻입니다. 국가가 관리하는 연금제도 중 기초연금이 있습니다. 기초연금은 만 65세 이상 노인(일정 기준 이하의 소득 및 자산을 보유한 자)에게 무상으로 지급되는 '무기여연금'입니다.

사적연금은 운영주체가 국가가 아닌 기업 혹은 개인인 연금을 의미합니다. 퇴직연금과 개인연금이 여기에 해당되지요. 두 연금은 개인이 관리하고 운용해야 하는 연금입니다. 지금까지 공부한 투자 지식을 기반으로 투자해야 하는 연금이기도 하고요. 우리나라를 비롯한 세계 여러 나라는 공적연금 비중을 축소하고 사적연금을 확대하는 추세입니다. 이는 고령화 진전으로 연금 재정 부담이 커지고 있기 때문입니다. 앞으로 사적연금의 중요성이 더 부각될 수 있다는 뜻입니다.

공적연금과 사적연금

공적연금	사적연금
• 국민연금 • 공무원 연금 • 사학연금 • 군인연금	• 퇴직연금 • 개인연금

Q. 국민연금, 받을 수 있을까요?

↳ 국민연금은 국가가 망하지 않는 한 지급이 보장됩니다.

국민연금은 공적연금입니다. 즉 운용주체가 국가인 연금이죠. 국가가 국민의 노후생활 안정을 위해 책임지는 연금인 만큼 사적연금과는 다른 특징을 가지고 있습니다. 국민연금의 주요 특징 4가지를 이해해야 합니다. 이를 통해 국민연금에 대한 지나친 걱정과 오해를 덜 수 있습니다.

국민연금의 4가지 특징은 다음과 같습니다. 첫째, 강제 가입원칙 연금입니다. 국민연금은 '우리 모두의 연금'입니다. 혼자 대비하기 어려운 노후위험을 서로 연대하여 공동으로 나누어지는 제도이므로 누구는 가입하고, 누구는 가입 안 하고가 아닌, 대상이 되면 누구나 가입해야 하는 연금입니다. 둘째, 소득재분배 기능으로 사회통합에 기여합니다. 국민연금은 내가 준비해서 내가 받는 연금이 아닙니다. 내가 준비한 연금재원을 나의 윗세대가 받고, 나의 연금을 나의 아랫세대가 준비해주는 연금입니다. 즉 경제활동 인구가 재원을 만들고 노후 인구는 재원을 바탕으로 연금을 수령하는 방식입니다. 이를 '세대 간 소득재분배'라고 합니다. 또 국민연금은 '세대 내 소득재분배' 기능도 담당합니다. 고소득층으로부터 저소득층으로 소득이 이전되는 것을 말하지요. 쉽게 설명해 납입한 보험료 대비 수급하는 연금 급여액을 의미하는 수익비가 고소득층에 비해 저소득층이 상대적으로 더 높게 설계되어 있다는 뜻입니다. 이렇게 국민연금은 세대 간, 세대 내 소득재분배 기능을 수행하고 있습니다. 셋째, 국가가 망하지 않는 한 반드시 받을 수 있습니다. 국민연금은 국가가 지급을 보장하는 연금으로 설령 연금기금이 고갈된다 하더라도 국가는 필요한 재원을 걷어서 지급하는 방식으로 연금을 지급해야 합니다. 넷째, 물가인상분을 반영한 연금이 지급됩니다. 사적연금은 물가가 올랐다고 해서 물가가 오른 만큼 연금액을 올려주지 않습니다. 하지만 국민연금은 물가가 오르면 연금액도 높아집니다(국민연금(공적연금) 이외 기초연금도 마찬가지입니다). 이제 '국민연금, 받을 수 있을까요?'에 대한 답을 찾으셨지요? 네, 받을 수 있습니다. 인구 구조 변화로 인해 국민연금의 기금을 걱정할 수 있는 상황이지만 그렇다고 해서 받지 못하는 것은 아닙니다.

국민연금의 4가지 특징

- 강제성
- 소득재분배(세대 내, 세대 간)
- 지급 보장
- 물가에 의한 실질가치 반영

Q. 국민연금, 어떻게 하면 많이 받을 수 있나요?
　↳ 가입기간을 늘리는 방법이 가장 효율적입니다.

　국민연금은 1988년에 도입되었습니다. 공무원연금이 1960년, 군인연금이 1963년, 사학연금이 1975년에 도입되었으니 다른 공적연금에 비해 많이 늦게 도입된 셈이지요. 국민연금은 처음 도입될 때 '은퇴 직전 소득의 70% 정도를 노후소득으로 보장해주겠다(이를 소득대체율이라고 합니다)'는 목표가 있었습니다. 다만 70%의 목표 소득대체율은 40년 납입을 기준으로 했습니다. 국민연금이 만 18세 이상부터 만 60세 시점에 이르기 전까지 납입이 가능하므로 이 기간동안 꽉 채워서 납입하는 것을 기준으로 한다는 뜻입니다. 그러나 지금의 목표소득대체율은 40%를 조금 넘는 수준입니다(2023년 기준, 42.5%). 경제활동 시작 시점은 늦어지고, 은퇴시기는 빨라지고 있습니다. 지금과 같은 고용환경에서 납입기간 40년을 채워 납입하기란 거의 불가능하다는 이야기입니다. 때문에 실제 소득대체율은 40% 수준보다 낮습니다. 국민연금을 '용돈연금' 운운하는 이유도 바로 이 때문이고요.

국민연금을 많이 받으려면 어떻게 해야 할까요? 첫째, '가입(납입)기간'을 늘려야 합니다(연금수령 조건은 가입기간 10년 이상입니다). 그게 가장 최선입니다. 대학생이 아직 강제가입대상이 아님에도 불구하고, 임의가입[13]으로라도 국민연금을 가입하는 것이 좋은 이유가 바로 이 때문입니다. '시간'이 노후준비에 있어 가장 핵심적인 연료가 될 수 있음을 설명했지요. 국민연금도 마찬가지입니다. 국민연금 보험료율은 9% 입니다. 사업장(직장)가입자라면 이 중 4.5%는 내가, 4.5%는 회사가 냅니다. 나머지 유형(지역가입자, 임의가입자, 임의계속가입자)은 9% 전액 본인부담이고요. 이 요율은 소득에 대해 매겨집니다. 소득의 9%가 보험료란 뜻이지요. 소득이 많은 사람들은 보험료가 높아지겠지요? 그런데 국민연금은 소득상한한[14]을 두고 있어, 일정수준 이상의 소득은 상한소득을 적용해 보험료를 매깁니다. 앞서 국민연금의 세대 내 소득재분배 특징을 설명했지요? 세대 내 소득재분배가 바로 이 소득상한을 둠으로써 이루어집니다. '소득이 많으면 보험료도 많이 내고, 연금도 많이 받고'의 구조와는 조금 다른 것임을 이해하셔야 합니다.

둘째, 수령시기를 늦추면(연기연금) 더 많은 연금을 수령할 수 있습니다. 국민연금 수령 시기는 태어난 연도에 따라 다르지만 1969년생 이후는 모두 만 65세 시점부터 수령합니다. 그러나 국민연금은 최대 5년 더 일찍 받거나, 최대 5년 더 늦게 받을 수 있습니다. 더 일찍 받는 것을 조기연금이라 하고, 더 늦게 받는 것을 연기연금이라 합니다. 원래 시기보다 더 일찍 받는 대신 패널티가 있습니다. 매년 6%, 최대 5년 당겨 받으면 연금액이 30% 감액되지요. 100만 원 받을 사람이 최대 5년 당기면 평생 70만 원을 받게 된다는 뜻입니다. 반면,

---

13) 국민연금 임의가입은 가입대상이 아니지만 본인의 희망으로 가입하는 유형으로, 주부나 학생이 그 대상이 될 수 있습니다.
14) 2023년 7월부터 2024년 6월까지 기준소득월액 하한은 37만 원, 상한은 590만 원입니다(기준소득월액 상한액 변경 시점은 매년 7월입니다).

원래 시기보다 더 늦게 받으면 매년 7.2%, 최대 36% 증액된 연금을 받을 수 있습니다. 그런데 매년 물가상승분도 반영하여 올려주니 실제 36%보다 더 많은 연금을 받을 수 있습니다. 2023년 4월 기준, 노령연금[15] 수급자 643만 명 중 가장 많은 연금을 수령하는 분의 연금액은 266만 원입니다. 생각보다 많지요? 이는 긴 가입기간과 연기연금 덕분입니다. 혹자는 '늦게 받는데, 일찍 죽으면 손해 아니야?'라고 이야기합니다. 그런데 분명한 것은, 지금은 장기 생존 시대라는 것입니다. 장기 생존 시대에 연금액을 올릴 수 있는 연기연금은 좋은 선택이 될 수 있다고 봅니다.

조기연금과 연기연금

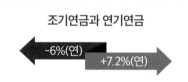

셋째, 국민연금 가입 후 납부하지 못한 공백기간이 있다면 추후납부를 신청하는 것이 좋습니다. 직장을 다니다가 결혼과 출산으로 그만두게 된 여성을 가정해 볼게요. 이 경우 최저보험료(9만 원)로 임의가입을 신청할 수 있습니다. 이후 그만둔 시점부터 임의가입 신청 전까지의 공백기간(최대 119개월) 보험료를 지금 보험료 기준으로 일시에, 혹은 분할해서 납부할 수 있습니다. 이를 '추후납부'라고 합니다. 추후납부는 가입기간을 늘려 연금액을 올려주는 좋은 제도입니다. 혹시 공백기간이 있다면 국민연금공단과 상의하여 추후납부제도를 활용해 보세요.

---

15) 국민연금의 연금을 노령연금이라 합니다.

    2부. 실전투자 이렇게!

지금까지 국민연금의 중요한 부분에 대해 공부해 보았습니다. 국민연금은 우리 모두의 연금입니다. 내 연금에 관심을 가져 보세요. 그리고 가입기간을 늘리기 위해 노력해 보세요. 국민연금이 나의 든든한 노후소득이 될 수 있도록 말이죠.

Q. 퇴직연금에 대한 기본 지식이 부족해요. 퇴직연금이 뭐예요?
 ↳ 퇴직연금은 사적연금이지만 내가 오롯이 준비하는 개인연금과 달리 기업이 관여하는 연금입니다.

퇴직연금은 사적연금입니다. 같은 사적연금이지만 내가 오롯이 준비하는 개인연금과 달리 기업이 관여하는 연금입니다. 퇴직연금에 대해 설명하기 전에 퇴직금에 대해 먼저 알아볼까요? 퇴직금은 말 그대로 근로자가 다니던 직장에서 그만두고 퇴직할 때 받는 급여의 일종입니다. 퇴직금은 퇴직 전 3개월 평균임금에 근속년수를 곱해 책정됩니다. 평균임금이 높고, 근속년수가 길면 퇴직금이 많아지지요. 그런데 예전의 퇴직금은 중간정산이 가능해서, 퇴직 전에 여러 용도로 인출해서 사용하곤 했습니다. 사정이 이러하다 보니 정작 퇴직 후 생활에 쓸 자금은 없었습니다. 또 기업 내부에서 퇴직금을 관리하고 있어, 기업의 자금사정이 좋지 않으면 퇴직금을 주지 못하는 경우가 발생하곤 했습니다. 이러한 퇴직금의 문제를 개선하고, 퇴직금이 실질적인 근로자의 노후소득으로 사용될 수 있도록 하기 위해 도입된 제도가 바로 퇴직연금제도입니다 (2005년 도입).

퇴직연금제도는 퇴직금제도가 지닌 문제점을 개선하기 위한 제도입니다. 첫째, 중간정산을 막아 퇴직금이 실질적인 노후소득으로 사용될 수 있도록 합니다. 둘째, 일시금이 아닌 일시금이나 연금 중 선택할 수 있도록 하고 가급적 연금 수급을 장려합니다. 셋째, 연금기금을 사내가 아닌 사외(금융기관)에 적립하여 근로자 수급권을 보장하는 데 주안점을 둡니다.

퇴직연금은 운용방식에 따라 3가지 유형으로 나누어집니다. DB형 Defined Benefit(확정급여형), DC형 Defined Contribution(확정기여형), IRP Individual Retirement Pension(개인형퇴직연금), 이렇게 말이죠. 용어는 생소하지만 내용은 그리 어렵지 않습니다.

퇴직연금 유형

DB형(확정급여형)   DC형(확정기여형)   IRP(개인형퇴직연금)

DB형 퇴직연금

DB형 퇴직연금은 기존의 퇴직금제도와 크게 다르지 않습니다. 근로자 퇴직급여는 기존 퇴직금제도에서와 동일하게 퇴직 전 3개월 평균임금에 근속년수를 곱한 값이니까요. 하지만 사외(퇴직연금사업자)에 적립 운용하여 근로자의 수급권을 보장한다는 점, 일시금으로만 지급하는 퇴직금제도와 달리 일시금이나 연금 중 선택이 가능하다(연금으로 수령할 경우 세금 측면에서 유리하므로 연금수급을 권장합니다)는 점이 다릅니다. DB형은 상당수의 대기업에서 채택하고 있는 유형입니다. DB형은 적립금 운용부담이 기업(사용자)에게 있으므로 가입자는 운용부담을 지지 않고 정해진 급여를 받게 됩니다. 또 DB형은 중간정산이 불가합니다. 다만 임금피크제[16]로 급여가 감소할 경우 DB형에서 DC형

---

16) 임금피크제란 정년을 보장하는 대신 월급을 낮추는 제도를 말합니다.

으로 전환해 퇴직급여를 보전해야 합니다(임금피크제 도입기업은 DB형과 DC형
을 모두 도입하고 있고, DB형은 원칙적으로 중간정산이 불가하기 때문에 임금
피크 전까지 발생한 DB형 퇴직급여를 DC형으로 전환하도록 하고 있습니다).

DB형(확정급여형) 퇴직연금 = 퇴직 시 평균임금 ✕ 근속연수

* 퇴직 시 평균임금: 계속근로시간 1년에 대하여 30일분의 평균임금

자료: 고용노동부 퇴직연금 홈페이지

DC형 퇴직연금

DC형 퇴직연금은 적립금 운용부담이 근로자에게 있어 근로자 스스로 적립금을 관리하고 운용해야 하는 유형입니다. 기업(사용자)은 연봉의 한 달 치 급여에 해당하는 돈을 가입자 퇴직계좌에 넣어주기만 하면 됩니다. 퇴직계좌에 들어온 적립금 운용에 대한 책임은 가입자 스스로에게 있습니다(기업 부담금 이외 근로자 스스로 추가납입도 가능합니다). 이를 잘 운용하면 최종적인 퇴직급여가 많아질 것이고 그렇지 않으면 적어질 것입니다. 중소기업 등에서 DC형 퇴직연금제도를 도입한 경우가 많은데, 기업들은 점점 DB형보다는 DC형을 선호하는 추세입니다. DB형은 중간정산이 불가하지만 DC형은 예외적인 경우에 중간정산이 허용됩니다. 예외적인 경우는 다음과 같습니다.

- 무주택자가 본인명의로 주택을 구입하는 경우
- 무주택자가 주거를 목적으로 전세금 또는 보증금을 부담하는 경우
- 본인, 배우자, 가족이 6개월 이상 요양을 필요로 하여 연간 임금총액의 125/1,000를 초과 부담하는 경우
- 중도인출 신청일 이전 5년 이내 파산선고를 받은 경우
- 중도인출 신청일 이전 5년 이내 개인회생절차 개시 결정을 받은 경우
- 퇴직연금제도의 수급권을 담보로 대출을 받았지만, 대출원리금을 상환하지 않아 3개월 연체가 발생한 경우
- 그밖에 천재지변 등으로 고용노동부장관이 정하여 고시하는 사유와 요건에 해당하는 경우

자료: 고용노동부 퇴직연금 홈페이지

앞서 투자를 필요로 하는 단 하나의 재무목표를 꼽으라고 한다면 노후자금 마련 목표임을 강조했습니다. DC형 퇴직연금은 투자 프로세스에 입각해서 스스로 잘 운용해야 하는 연금입니다. 그러나 대부분의 DC형은 잘 운용되지 못하고 있습니다. 이는 자신의 퇴직연금 자체에 대해 무지하기도 하고, 적립금 운용에 대한 구체적인 방법을 몰라서이기도 합니다. 대부분의 적립금은 원리금 보장형으로 운용되고 있습니다. 장기 목표임에도 불구하고 말이죠. 자산배분에 의한 적극적 투자가 반드시 필요합니다. DC형 적립금 운용 가능 상품은 예적금부터 투자상품까지 상당히 다양합니다. 다만 직접 주식투자는 불가합니다. 펀드와 ETF 투자(국내 상장만, 해외 상장 ETF는 불가)는 가능합니다. 만약 DC형 연금 가입자라면 적립금 운용 상황부터 살펴보세요. 그리고 목표 달성을 위한 충분한 시간이 남아있다면 적극적으로 투자해 보세요.

'디폴트옵션'에 대해 들어보셨나요? DC형 연금 가입자의 적립금 운용에 대한 별다른 지시가 없을 때, 퇴직연금 사업자(금융기관)가 사전에 결정된 운용 방법으로 적립금을 운용할 수 있도록 한 제도를 말합니다. 이러한 제도가 왜 도입되었을까요? 적립금 운용 책임이 가입자에게 있음에도 불구하고 자신의 적립금이 얼마인지, 가입된 운용상품이 무엇인지, 어떤 상품으로 운용해야 할지 잘 모르는 게 DC형 가입자의 현실입니다. 오죽하면 이 연금을 두고 '방치

연금'이라고 했을까요? 디폴트옵션은 DC형 연금의 수익률 제고를 위해 도입되었습니다. 그래야 퇴직연금이 '노후 소득 보장'이라는 본연의 역할을 다할 수 있으니까요. 디폴트옵션은 미국, 호주 등 DC형 퇴직연금이 발달한 국가에서 널리 활용되고 있는 제도이기도 합니다.

IRP

개인형퇴직연금을 뜻하는 IRP는 말 그대로 개인이 계좌를 만들고, 납입과 운용을 모두 담당하는 퇴직연금입니다. 개인의 적극적 노후준비를 위한 계좌인 셈이지요. 2017년 7월 이전에는 근로소득자만 가입할 수 있었으나, 그 이후에는 자영업자, 공무원연금 등과 같은 특수직역연금 가입자도 가입이 가능해졌습니다(다만, 무직자는 가입이 불가능합니다). IRP는 세제혜택이 있는 연금입니다. 개인의 적극적 노후준비를 격려하고 독려하기 위한 혜택인 셈이죠. 구체적 세제혜택에 대한 설명은 개인연금, 연금저축에 대해 설명할 때 함께 하겠습니다.

IRP는 퇴직급여가 모이는 연금계좌입니다. A직장에서 B직장으로 이직할 때 A직장 퇴직급여는 근로자에게 바로 지급되지 않습니다. 근로자의 IRP계좌에 입금되지요. B직장에서 C직장으로 이직할 때 B직장의 퇴직급여도 IRP계좌로 입금됩니다. 이직할 때마다 퇴직급여가 모이는 계좌가 바로 IRP입니다. 이렇게 모인 적립금을 근로자가 직접 운용하고 운용결과를 바탕으로 연금이 지급되지요. 물론 IRP에 추가납입도 가능합니다.

자료: 고용노동부 퇴직연금 홈페이지

IRP도 DC형 연금처럼 적립금을 근로자 스스로 운용해야 합니다. IRP의 운용가능상품도 DC형 연금과 같습니다. 단, 두 유형 모두 최대 주식투자비중은 70%를 넘지 못합니다.

퇴직연금 유형별 비교

	DB형	DC형	IRP
제도 운영주체	기업	근로자	근로자
부담금 납입주체	기업	기업 & 근로자	기업 & 근로자
적립금 운용주체	기업	근로자	근로자
퇴직급여 수준	퇴직 전 3개월 평균임금 × 근속년수	기업부담금 + 추가납입금 + 운용수익	퇴직급여 이전 금액 + 추가납입금 + 운용수익

Q. 퇴직연금 관리는 어떻게 해야 하나요?

↳ 우선 내 연금에 관심부터 가지세요.
그리고 자산배분 후 각 자산군에 적합한 포트폴리오를 구성해서 투자하세요.

국민연금은 죽을 때까지 연금수령이 가능한 종신연금인데 반해 퇴직연금은 특정기간 동안 연금수령이 가능한 확정기간형 연금입니다. 여전히 활발한 신체활동이 가능한 노후활동기 연금으로 퇴직연금을 활용할 수 있습니다. 통상 노후활동기는 노후수축기(신체활동이 활발하지 못해 바깥 활동보다 집안 내에서의 활동이 많아지는 시기를 말합니다)에 비해 더 많은 자금이 소요됩니다. 따라서 여유로운 노후생활을 즐기고자 한다면 퇴직연금의 역할이 매우 중요합니다. 퇴직연금의 적극적 운용으로 투자성과를 높여야 하는 이유가 바로 여기에 있습니다.

퇴직연금 관리의 출발점은 '내 퇴직연금 바로알기'에서부터 시작해야 합니다. 어떤 유형인지, 적립금은 얼마인지, DC형이라면 적립금이 어떤 상품으로 운용되고 있는지 등을 먼저 확인해야 합니다. 내 퇴직연금에 관심을 좀 가지자는 뜻입니다.

DB형 가입자라면 딱히 해야 할 일은 없습니다. 정해진 급여만큼만 받게 되니까요. 하지만 DC형 가입자라면 지금까지 공부한 투자 지식을 바탕으로 '내 돈'을 잘 관리해야 합니다. DC형 가입자라면 다음과 같이 해 보세요.

DC형 퇴직연금 가입자 Checklist

- 적립금 운용현황부터 확인해 보세요.
- 투자기간과 투자성향을 고려하여 자산배분한 후 각 자산군에 적합한 금융투자상품을 선택하여 운용하세요(최대 주식투자 비중은 70%를 넘지 못합니다).
- 매년 연봉의 한 달 치 월급 정도의 퇴직급여가 계좌에 입금됩니다. 이 자금에 대한 운용계획도 수립하여 운용하세요(기존 운용상품 추가납입 혹은 다른 상품으로의 운용 등을 고려할 수 있습니다).

　IRP는 연금저축과 더불어 세제혜택이 있는 연금입니다. 2023년 기준, 연 900만 원 한도 내에서 납입하면, 납입액의 13.2%(총급여 5,500만 원 이하일 경우 16.5%)를 세액공제 받을 수 있지요. 노후를 준비함과 동시에 적지 않은 혜택을 받는 셈이니 납입할 여력이 된다면 활용하는 것이 좋습니다. 자기부담금 이외에도 이직할 때마다 통산된 퇴직급여가 쌓여있다면, 이는 DC형 퇴직연금 운용법에 준하여 운용하면 됩니다.

　퇴직급여는 만 55세 이후부터 일시금 혹은 연금으로 수령 가능합니다. 어떻게 받는 게 좋을까요? 당연히 연금 수령을 권장합니다. 퇴직연금제도가 도입된 이유이기도 하고요. 일시금으로 받으면 퇴직소득세를 내야 합니다. 하지만 연금으로 수령하면 내야 할 퇴직소득세의 70%만 내면 됩니다. 수령한지 10년이 지나면 60%만 내면 되고요. 예컨대, 1,000만 원 세금을 10년에 걸쳐 700만 원만 내면 된다는 뜻입니다. 세금도 세금이지만 장기 생존 시대에 노후생활 자금은 연금이어야 하지 않을까요?

Q. 연금저축펀드가 뭐예요?
↳ 세제적격연금 유형 중 하나로 투자하는 연금입니다.

퇴직연금과 더불어 사적연금의 하나인 개인연금은 개인이 스스로 준비하는 연금입니다. 노후생활 자금을 위한 또 하나의 소득 파이프라인인 셈이죠. 앞서 언급했듯이 연금 체계에서 사적연금의 역할은 점점 강조되고 있습니다. 연금 재정 부담이 미래세대의 부담으로 전가될 수 있으니 개인이 스스로 노후준비를 한다면 이를 격려하고 지지해주겠다는 뜻입니다. 그렇기에 세제혜택상품은 거의 노후준비 상품에 집중되어 있습니다. 개인연금의 연금저축은 퇴직연금의 IRP와 함께 대표적 세제혜택 상품입니다.

개인연금은 크게 세제혜택을 받을 수 있는 연금(세제적격연금)과 세제혜택을 받을 수 없는 연금(세제비적격연금)으로 나누어집니다. 연금저축은 세제적격연금에 해당됩니다. 보험사 연금보험(공시이율형)과 변액연금(실적배당형)은 세제비적격연금에 해당되고요. 세제적격연금은 납입 중 세제혜택을 받지만 만 55세 이후 연금수령 시 연금소득세를 내야 합니다. 세제비적격연금은 납입 중 세제혜택이 없는 대신 연금수령 시 세금을 내지 않습니다. 연금을 받을 때 세금까지 내는 것이 오히려 안 좋은 거 아니냐고요? 그렇게 생각할 수 있지만 연금소득세는 저율과세입니다. 만 70세 미만은 5.5%, 70세 이상 80세 미만은 4.4%, 80세 이상은 3.3%입니다(금융기관 원천징수). 매년 납입에 따른 세제혜택이 연금소득세보다 훨씬 큽니다. 이를 재투자할 수도 있고요. 직장인이 개인연금 가입을 고려한다면, 세제혜택을 받는 연금저축을 우선 고려하는 게 좋습니다.

개인연금 체계

	세계적격연금 (세제혜택)	세계비적격연금 (세제非혜택)
원금보장	연금저축신탁·연금저축보험	연금보험(공시이율형)
원금비보장	연금저축펀드	변액연금보험
	연금수령시 과세	연금수령시 비과세

연금저축은 어디에서 가입하느냐에 따라 은행에서 가입하는 연금저축신탁, 보험사에서 가입하는 연금저축보험, 증권사에서 가입하는 연금저축펀드로 구분됩니다. 연금저축신탁은 2017년까지는 가입 가능했지만 현재는 신규가입이 불가능합니다. 연금저축신탁의 낮은 수익성으로 인해 연금자산의 효율성 제고가 필요했고, 이를 투자자산으로 유도하기 위해서입니다. 세 가지 유형 중 현재까지는 연금저축보험의 적립금이 가장 높습니다. 이는 보험사, 은행 방카슈랑스 등의 공격적인 영업에 기인합니다. 그러나 생각해 봅시다. 연금저축보험은 공시이율형 상품입니다. 가장 장기 목표에 해당하는 노후자금 마련 목표를 위해 투자하지 않는다고요? 지금까지 공부한 여러 사항에 부합하지 않는 상품일 수 있습니다. 특히 노후준비 기간이 상대적으로 많이 남아 있는 연령에겐 더 그렇습니다. 이에 '연금저축계좌이전제도[17]'를 활용하여 보험에서 펀드로 이전하는 사람이 많아졌습니다. 투자기간 확보가 가능한 연령이라면 연금저축 펀드를 선택하는 것이 좋습니다. 그래야 노후자금 마련이라는 목표 달성 가능성이 높아지니까요.

---

17) 자신의 상황에 맞게 연금저축 유형을 조정할 수 있는 제도입니다. 예컨대, 보험에서 펀드로의 이전 등을 말합니다. 연금저축을 중도에 해지하면 기타소득세(16.5%)가 발생합니다. 하지만 이전제도를 이용하면 해지 없이 적립금의 이전이 가능합니다.

Q. 연금계좌가 뭐예요?

↳ 퇴직연금의 IRP와 개인연금의 연금저축을 합하여 연금계좌라 합니다.

퇴직연금의 IRP와 개인연금의 연금저축을 합하여 '연금계좌'라 합니다. IRP와 연금저축은 대표적 세제혜택상품입니다. 노후를 준비하면서 세제혜택까지 받으니 직장인들이 스스로 노후준비를 할 때 충분히 우선순위로 삼을만한 상품입니다. 연금계좌의 세제혜택을 포함하여 중요한 부분을 정리해 보겠습니다.

연금계좌의 연간 납입한도는 1,800만 원입니다. 이 중 세액공제 대상 납입한도는 연간 900만 원입니다(2023년 기준). 다만 연금저축의 한도가 600만 원이어서 IRP, 연금저축 모두 납입해서 한도를 채운다면 연금저축 600만 원, IRP 300만 원을 납입하면 됩니다. 세액공제율은 총급여액 5,500만 원(종합소득금액 4,500만 원)을 기준으로 그 이하이면 16.5%, 그 이상이면 13.2%가 적용됩니다. 만약 총급여액 5,000만 원인 직장인이 세액공제 납입한도 900만 원을 다 채웠다면 148만 5천 원을 돌려받게 됩니다(900만 원의 16.5%). 그런데 현실적으로 노후준비를 위해 이렇게 납입할 수 있는 사람은 드물겠지요. 한도가 900만 원일 뿐입니다. 30세 직장인이 매월 10만 원, 연금저축펀드로 노후를 준비한다면 120만 원의 16.5%에 해당하는 19만 8천 원을 돌려받을 수 있다는 뜻입니다. 만약 이 돈을 이듬해 연금저축펀드에 다시 재투자한다면 어떨까요? 노후준비를 위한 핵심 연료는 돈보다 시간임을 누누이 강조했습니다. 10만 원이지만 연금계좌를 이용해 어렵지 않게 노후를 준비할 수 있다는 뜻입니다.

연금계좌의 세액공제 한도가 900만 원임에도 불구하고, 연간 납입한도 1,800만 원을 채워 투자하는 분들이 있습니다. 왜 그럴까요? 이는 크게 2가지 이유 때문입니다. 첫째, 연금계좌의 과세이연 효과 때문입니다. 과세이연은 말 그대로 세금을 이연시켜준다는 뜻입니다. 세법상 금융상품을 통해 발생하는 이자, 배당소득에 대해서는 15.4% 과세합니다. 그런데 연금계좌에서 수익이 발생하면 지금 당장 과세(15.4%)하지 않고 연금을 받을 때 연금소득세(3.3%~5.5%)로 과세합니다. 지금 당장 과세하지 않으니, 원금과 세금을 떼지 않은 수익 전부가 함께 운용되겠지요? 톡톡히 복리 효과를 기대할 수 있는 부분입니다. 과세이연은 연금계좌의 또 하나의 강력한 장점인 셈입니다. 그런데 이런 생각 드시지 않나요? '노후준비 말고 다른 재무목표들도 있는데, 아무리 과세이연 효과가 좋다고 해도 노후준비 하나에 저렇게 많은 돈을 투자할 수 있을까?' 충분히 그렇게 생각할 수 있습니다. 하지만 두 번째 이유를 알면 그 의문이 해결될 겁니다. 바로 연금계좌에서 세액공제 받지 않은 원금 부분은 세금 없이 인출할 수 있다는 점입니다.[18] 1,800만 원을 납입해도 세액공제 받지 않는 원금 900만 원은 언제든 세금 없이 인출가능하다는 뜻입니다. 대신 해당 원금에 대한 수익은 세금 없이 연금계좌에서 운용되겠지요? 이렇게 연금계좌 하나로 다른 재무목표와 노후준비 목표 달성을 동시에 고려할 수 있습니다.

그렇다면 연금저축과 IRP 중 무엇을 먼저 가입하는 것이 좋을까요? 여력이 된다면 둘 다 가입해서 한도 900만 원(월 75만 원)을 채우면 좋겠지요. 하지만 이 금액을 채우기가 만만치 않은 분들이 훨씬 많을 겁니다. 저는 '투자할 수 있는 금액으로 연금저축펀드부터 시작해 보세요'라고 이야기하고 싶습니다. 연금저축펀드부터 가입하는 것이 좋은 이유는 3가지입니다. 첫째, IRP는 위험자산 최대 비중이 70%인 반면, 연금저축펀드의 위험자산 최대 비중은 100%입니다. 2~40대 직장인이라면 노후준비 기간이 꽤 넉넉합니다.

---

[18] 연금계좌 중 연금저축만 세액공제 받지 않은 원금 부분을 인출할 수 있습니다. IRP는 퇴직연금이므로 중도인출이 불가하기 때문입니다(중도인출 사유에 해당되는 경우는 제외). 이에 연간 납입한도 1,800만 원을 채워 투자하려면 연금계좌 중 연금저축에 900만 원을 추가 투자하면 됩니다.

투자위험을 헤지하기 위한 충분한 시간을 확보하고 있다는 뜻입니다. 그러므로 위험자산, 즉 주식의 비중을 높여도 됩니다. 둘째, IRP는 계좌수수료(운용관리수수료와 자산관리수수료)가 있는 반면, 연금저축은 없습니다. IRP는 세제혜택 등을 위한 본인 부담의 추가납입금 이외에도 이직이나 퇴직 시 받는 퇴직급여가 공존할 수 있는 계좌입니다. 이에 퇴직연금사업자(금융기관)가 제공하는 서비스의 대가로 계좌수수료가 발생합니다(온라인 계좌개설 시 이를 면제해주는 일부 증권사가 있습니다). 그러나 연금저축은 별도의 계좌수수료가 없습니다. 셋째, 인출사유가 발생한 경우 IRP는 중도인출이 불가한 반면, 연금저축은 가능합니다. IRP는 퇴직연금입니다. 법적 중도해지 사유에 속하지 않으면 원칙적으로 중도인출이 불가합니다. 자금이 필요하면 전체 해지를 해야 하는 거죠. 하지만 연금저축은 중도인출로 인한 세금이 발생하긴 하나 인출이 안 되는 건 아닙니다.

마지막으로 연금계좌의 운용에 대한 이야기를 해 보겠습니다. 연금계좌는 노후자금 마련을 위한 상품입니다. 투자할 수 있는 충분한 시간이 확보된 상품이라는 뜻이지요. 따라서 적극적 투자를 고려해도 좋습니다. 앞서 투자 프로세스에서도 말씀드렸듯이, 투자기간과 투자성향을 고려하여 자산배분부터 먼저하고, 각 배분의 비중에 맞게 투자상품을 선택하여 투자하면 됩니다. '퇴직급여가 포함된 IRP 투자는 시장 지수 ETF로, 세액공제 한도를 채우기 위해 월 적립식 투자를 고려하는 연금저축펀드는 인덱스펀드로 투자한다' 등의 심플하고 투자하기 편한 나만의 방법을 마련하면 좋습니다. 연금계좌용 투자상품인 TDFTarget Date Fund도 포트폴리오 편입 시 고려할 수 있는 상품입니다. TDF는 글로벌 주식과 채권에 분산투자하는 펀드로 목표 시점Target Date에 맞게 펀드 내의 주식과 채권의 비중을 알아서 조정하는 펀드를 말합니다. 예컨대, 은퇴

시점이 2045년이라고 가정하면 지금은 주식의 비중을 높여 투자하다가 2045년이 가까워질수록 채권의 비중을 높여 인출에 대비할 수 있도록 한다는 뜻입니다. 이것을 투자자가 조정하지 않고 펀드가 Target Date에 맞게 조정합니다. 내가 할 일은 Target Date만 정하면 됩니다. 2025년, 2030년, 2035년, 2040년, 2045년, 2050년 이런 식으로요. 2025년은 채권 비중이 더 높겠지요? 2050년으로 갈수록 주식 비중이 높아집니다. TDF는 퇴직연금의 위험자산 비중 70% 규정에도 다소 자유롭게 투자할 수 있습니다. 퇴직연금에 TDF 펀드로만 100% 투자할 경우, 주식이 포함된 위험자산임에도 불구하고 70% 규정에 위배되지 않는다는 뜻입니다. 이는 TDF가 주식과 채권 비중을 알아서 조정하여 이를 위험자산으로 보지 않는 것이 타당하다는 당국의 방침 때문입니다.

연금계좌는 단언컨대, 직장인의 노후준비를 위한 가장 좋은 상품입니다. 공부한 내용을 잘 숙지하여 현재 재무상황에 맞게 잘 활용하시고, 노후자산의 꾸준한 성장을 위한 건강한 투자를 하면 좋겠습니다.

IRP와 연금저축펀드 비교

	IRP	연금저축펀드
가입자격	근로자, 자영업자, 특수직역연금가입자 등	제한 없음
납입한도	1,800만 원	
세액공제 한도	900만 원(연금저축 600만 원 납입 시 300만 원)	600만 원
세액공제율	연간 납입액의 13.2%(총급여 5,500만 원 이하인 경우 16.5%)	
연금수령 조건	만 55세 이상, 납입 5년 이상*, 10년 이상 수령	
연금수령 시 세금	연금소득세(3.3~5.5%)	
연금 외 수령 시 세금	기타소득세 16.5%(세액공제받지 않은 원금은 비과세)	
위험자산 비중	70%	100%
계좌수수료 여부	O	X

*IRP에 퇴직금만 있을 경우, 납입기간 조건 없음

Q. 내 연금 준비 현황을 한눈에 살펴보는 방법은 없을까요?

  ↳ 금융감독원 홈페이지 내 '통합연금포털'을 통해서 확인 가능합니다.

자신의 연금가입 현황을 잘 파악하고 있는 사람은 많지 않습니다. 그러나 걱정 마십시오. 이를 한눈에 살펴볼 수 있는 좋은 방법이 있으니까요. '금융감독원 홈페이지-금융소비자보호-통합연금포털-내 연금조회'를 클릭해 보세요. 나의 공·사적 연금 준비 정도를 조회할 수 있습니다.[19]

Chapter 10. 정리 한 마디

노후소득의 파이프라인은 많으면 많을수록 좋습니다. 파이프라인을 구축하기 시작하는 시점은 빠르면 빠를수록 좋고요. 투입하는 돈의 크기보다 시간과 수익률의 힘을 빌려야 노후준비가 쉬워집니다. 건강한 장기투자가 반드시 필요한 재무목표라는 뜻입니다. 지금 당장 시작해 보세요. 노후가 편안해집니다.

---

19) 회원가입 후 내 연금을 확인하기까지 3영업일 소요됩니다. 이후부터는 매월 말 기준으로 연금정보가 업데이트되어 즉시 조회가능합니다.

Chapter 11
알면 든든한 금융상식

마지막으로, 생각보다 너무 중요한 신용관리 이야기,
심각한 소비자 피해를 불러올 수 있는
파생상품 이야기 등에 대해 다루어보겠습니다.
투자가 돈을 불리는 활동이라면, 지금부터 이야기하는 것들은
돈을 지키기 위한 활동에 가깝습니다.
지키는 활동 또한 불리는 활동 못지 않게 중요하겠지요?

Q. 같은 금리인데 왜 적금이자는 예금이자보다 적나요?
  ↳ 같은 5% 금리여도 적금이자는 원금 대비 2.7% 정도 밖에 되지 않습니다.

예금은 말 그대로 목돈을 일정 기간 예치하는 상품이고, 적금은 목돈을 만들기 위해 적립하는 상품입니다. 목돈 1,200만 원을 5% 금리로 1년 예치하는 것과, 매월 100만 원을 적립하여 1년 1,200만 원 만드는 상품의 이자 부리附利방식은 다릅니다.

먼저 예금은 '1,200만 원 × 5% = 60만 원', 즉 1,200만 원 전부가 1년간 5%로 부리되니 1년 후 이자는 60만 원입니다(세전).

1월	2월	3월	4월	5월	6월	7월	8월	9월	10월	11월	12월	계산식	이자
					1,200만 원							12,000,000 × 5%	600,000
					만기이자총액(세전)								600,000

매월 초 100만 원씩 1년, 12회 납입하는 적금을 가정해 보겠습니다. 1회차 납입한 100만 원은 1년 이자 5%가 온전히 적용됩니다(100만 원 × 5% × 12/12 = 50,000원). 하지만 2회차 납입한 100만 원은 11개월 부리되니 '100만 원 × 5% × 11/12 = 45,833원'이고, 3회차 납입한 100만 원은 10개월 부리되니 '100만 원 × 5% × 10/12 = 41,667원'이 됩니다. 이렇게 계산하면 1년 후 받게 되는 합산 이자가 총 32만 5천 원이 됩니다.

1월	2월	3월	4월	5월	6월	7월	8월	9월	10월	11월	12월	계산식	이자
100만 원												1,000,000 × 5% × 12/12	50,000
	100만 원											1,000,000 × 5% × 11/12	45,833
		100만 원										1,000,000 × 5% × 10/12	41,667
			100만 원									1,000,000 × 5% × 9/12	37,500
				100만 원								1,000,000 × 5% × 8/12	33,333
					100만 원							1,000,000 × 5% × 7/12	29,167
						100만 원						1,000,000 × 5% × 6/12	25,000
							100만 원					1,000,000 × 5% × 5/12	20,833
								100만 원				1,000,000 × 5% × 4/12	16,667
									100만 원			1,000,000 × 5% × 3/12	12,500
										100만 원		1,000,000 × 5% × 2/12	8,333
											100만 원	1,000,000 × 5% × 1/12	4,167
					만기이자총액(세전)								325,000

살펴본 바와 같이, 적금 5%는 예금 5%와 다릅니다. 적금 5%는 원금 대비 약 2.7% 정도 이자 밖에 되지 않습니다. 같은 금리인데도 적금이자가 적은 이유를 이제 확실히 아시겠지요? 적금은 제시하는 금리의 약 반보다 조금 많은 정도의 금리라고 생각하면 됩니다. 적금금리 6%가 높아보여도 3% 조금 넘는 수준이니 그리 높다고 볼 순 없겠지요? 적금은 돈을 모으는 데 목적이 있는 상품입니다. 물론 이자가 적은 것보다 많은 것이 좋겠지만, 적금이자 1~2%에 크게 연연할 필요는 없다는 뜻입니다.

덧붙여, 금융기관별 예적금 금리를 비교하고 싶다면 '파인FINE'을 검색해보세요. 파인은 금융감독원에서 제공하는 금융소비자 정보포털로 금융기관별 예적금 금리 비교 뿐만 아니라 대출 및 보험상품 비교 등 금융소비자에게 도움 되는 많은 정보를 제공하고 있습니다. '즐겨찾기' 해 두시고, 유용하게 사용해 보세요.

Q. 72법칙이 뭐예요?

↳ 내 돈이 두 배로 불어나는 데 걸리는 시간을 간단히 구할 수 있는 일종의 계산식입니다.

72법칙은 시간과 수익률의 영향을 받는 '돈'의 속성을 이해하는 데 도움이 되는 계산식입니다. 예를 들어 설명해 볼게요. 현재 1,000만 원을 연복리 2% 상품에 예치한다면 1,000만 원이 두 배인 2,000만 원으로 불어나는 데 자그마치 36년(= 72/2)이나 걸립니다. 연복리 10%가 적용된다면 7.2년(= 72/10)이 걸리고요.

원금이 두 배가 되기까지 걸리는 시간(연) = 72/수익률(%)

이 식은 반대로 현재의 원금을 일정한 기한 이내에 두 배로 불리기 위해서 필요한 수익률을 계산할 때도 사용할 수 있습니다. '10년 만에 원금을 두 배로 만들기 위해서 필요한 수익률은 7.2%(= 72/10)이다' 이런 식으로 말이죠.

이를 통해 돈이 불어나려면 시간과 수익률의 힘이 필요함을 알 수 있습니다 (앞서 여러 차례 강조했던 바입니다). 72법칙은 재무목표 달성을 위해 투자가 필요함을 역설하는 법칙이기도 합니다. 안전하다는 이유로 2% 예금에 하염없이 묶어 두기엔 돈이 너무 불어나지 않으니까요.

Q. 파생상품, 정말 위험한가요?
↳ 파생상품은 굳이 나의 포트폴리오에 담지 않아도 되는 상품입니다.

네, 파생상품은 상당히 고위험 투자상품입니다. 이에 굳이 개인의 포트폴리오에 담지 않아도 되는 상품입니다. 이렇게 단정적으로 말하는 이유를 지금부터 설명하겠습니다.

주식과 채권이 원재료라면, 파생상품은 MSG 잔뜩 든 가공식품이라 표현하고 싶습니다. 원재료는 재료가 가진 특징이 선명하게 보입니다. 그러나 가공식품은 그 안에 뭐가 들어있고, 재료를 어떻게 배합했는지, 혹 불순물은 없는지 등을 자세히 알기 어렵습니다. 파생상품이 딱 가공식품 같습니다.

2008년 온 세상을 힘들게 했던 미국발 글로벌 금융위기를 아시나요? 이 위기의 직접적인 원인은 서브프라임 모기지(비우량주택담보대출)의 부실 때문이었습니다. 정확히는 이때 발행된 파생상품인 MBS Mortgage Backed Security, CDO Collateralized Debt Obligation 때문이었습니다. 2000년대 초 IT 버블 붕괴로 미국 경제가 어렵게 되자, 이를 극복하기 위한 초저금리 정책이 펼쳐집니다. 이때 늘어난 유동성과 은행의 공격적인 주택담보대출은 주택시장을 불붙게 했고요(신용도가 낮은 사람에게도 공격적으로 대출해 주었습니다). 서브프라임은 신용도가 낮은 저소득층을 대상으로 설계된 주택담보대출입니다. 은행은이 대출채권을 한데 섞어 MBS를 만듭니다. MBS는 다시 다른 대출채권들과도 묶여 CDO(부채담보부증권)가 되고요. 이 CDO는 그럴싸한 상품이 되어 투자자를 유혹합니다. 그런데 생각해 보세요. 각 채권이 섞이는 과정에서 우량한 것과 그렇지 않은 것들이 명확하게 구분되어 질까요? 만약 우량하지 못한 채권에서 부실이 발생하면 그걸 덜어내야 문제가 없을 텐데, 마구잡이로 섞여 있다보니 부실난 것만 덜어내기 어렵다는 문제가 발생합니다. 주택시장 활황은 거품을 만들었고, 거품은 꺼질 수밖에 없었습니다. 금리 인하에서 인상으로 통화정책이 변경되니 대출금리가 빠르게 오르고, 이 같은 상황에서 신용도가 낮은사람을 대상으로 한 서브프라임 모기지 연체율은 높아졌습니다. 이 채권을 근거로 가공한 상품들은 어떻게 되었을까요? 불 보듯 뻔하지요? 이 일련의 과정을 통해 미국의 대형 투자은행인 리먼브라더스, 베어스턴스가 파산했습니다.

제가 파생상품을 가공식품이라고 표현한 이유를 이제 이해하시겠지요? 세상이 발달할수록 다양한 가공식품이 만들어지듯, 파생상품도 참 다양하게 만들어집니다. 그리고 투자자를 유혹합니다. 그런데 가공식품은 건강에 해롭잖아요. 파생상품도 개인의 재무건강을 위협할 수 있는 상품입니다. 그렇기에 굳이 개인의 포트폴리오에 담을 필요가 없다고 말씀드린 겁니다.

일반 금융소비자들에게 조금은 친숙한 'ELSEquity-Linked Securities'도 일종의 파생상품입니다. ELS의 기초자산은 주식입니다(특정 종목도 시장 지수도 모두 기초자산이 될 수 있습니다). 이 기초자산에 의해 수익이 결정되는 상품이지요. 통상 기초자산의 가격이 특정 구간을 벗어나지 않으면 약속된 수익을 보장합니다. 문제는 특정 구간을 벗어났을 때 큰 손실이 발생할 수 있다는 점입니다. 그런데 생각해 보세요. 기초자산인 주식의 가격, 즉 주가를 예상할 수 있나요? 특정 구간 안에 있을지, 벗어날지는 아무도 모릅니다. 앞서 '투자기초' 챕터에서도 다루었지만 투자속성인 변동성은 예측 불가능하니까요. 또 생각해 보세요. 기초자산인 주식은 만기라는 게 존재하지 않습니다. 국내 주식의 매매차익에 대해서는 세금도 없고요. 만기와 세금이 없는 주식을 기초자산으로 한 ELS는 만기도, 세금도 있습니다. 참 이상하지요? 왜 이런 상품을 만들까요? 통상 이런 상품은 시장이 좋지 않을 때 등장하는 경향이 있습니다. 시장이 좋을 때야 굳이 이런 상품을 만들지 않아도 됩니다. 금융기관의 수익성도, 고객의 수익률도 좋으니까요. 하지만 시장이 나쁠 땐, 금융기관의 수익성도, 고객의 수익률도 좋지 않습니다. 이에 고객에게 어필도 되고, 금융기관의 수익성도 올릴 수 있는 새로운 금융상품이 필요한 겁니다. 파생상품은 굳이 포트폴리오에 담지 않으셔도 됩니다. 중장기 재무목표 달성을 위해 투자해야 한다면 그냥 주식, 채권, 펀드, ETF를 활용하세요. 가공식품보다 원재료를 먹는 것이 건강에도 좋은 법이니까요.

Q. 금융투자상품도 철회가 가능한가요?
    ↳ 네, 7일 내에 철회 가능합니다. 단, 고난도 금융투자상품에 한해서만 가능합니다.

물건을 사고 마음에 들지 않거나, 혹은 기대한 것과 달라서 반품해본 적 있으시죠? 그렇다면 금융투자상품은 반품이 될까요? 네, 가능합니다. 금융상품 중 반품, 즉 철회가 가능한 상품은 투자상품, 대출상품, 보험상품입니다. 예금상품은 청약철회가 불가하고요.

2021년 3월 25일부터 금융소비자보호법(금융소비자보호에 관한 법률, 약칭 금소법)이 시행되었습니다. 금소법은 말 그대로 금융소비자 권익을 보호하기 위한 법률입니다. 금융거래에서 거래 당사자는 금융공급자(금융기관)와 금융소비자입니다. 이 관계에서 금융소비자는 상대적 약자이고요. '정보 비대칭'이란 말 들어보셨나요? 시장에서 이루어지는 거래에서 당사자들이 보유한 정보에 차이가 나는 현상을 말하는 것으로, 금융소비자는 금융공급자에 비해 상대적으로 적은 정보를 가지고 있는 상대적 약자에 해당합니다. 이에 따라 금소법은 소비자 보호를 위해 새로운 금융소비자 권리를 부여하고 있습니다. 그 중 하나가 바로 청약철회권입니다. 청약철회권은 금융상품에 가입한 금융소비자가 일정 기간 내에 자유롭게 청약할 수 있도록 부여한 권리입니다. 금소법은 금융상품을 크게 예금성, 투자성, 대출성, 보험성으로 분류하고 있는데, 이 중 예금성을 제외한 나머지, 즉 투자성, 대출성, 보험성 상품에 대해 청약철회권을 부여하고 있습니다. 상품별 청약을 철회할 수 있는 일정 기간은 다음과 같습니다.

상품별 청약철회 기간

금융상품	기준	철회기간
투자성	• 계약서류 제공일 • 계약체결일	• 7일 이내
대출성	• 계약에 따른 금전 제공일 • 계약서류 제공일 • 계약체결일	• 14일 이내
보험성	• 보험증권 수령일 • 계약체결일	• 15일 이내 • 30일 이내 중 빠른 날

다만 투자성 상품인 경우 고난도 금전신탁계약, 고난도 투자일임계약, 고난도 펀드 등에 한해서만 가능합니다. 여기서 말하는 고난도 상품이란 상품의 구조가 복잡하여 투자자가 이해하기 어려운 파생상품과 같은 상품을 말합니다. 일반적인 펀드(공모펀드)는 청약철회권의 대상이 아님을 꼭 기억하세요.

자본시장법에도 금소법의 청약철회권과 유사한 제도가 있습니다. 바로 '투자자 숙려제도'인데요. 투자자 숙려제도란 고난도 금융상품을 가입할 경우 상품의 판매 및 계약 과정을 모두 녹취하고, 신중한 투자 판단을 위해 투자상품 가입 후 2일 간의 숙려기간을 두는 제도를 말합니다. 이 제도는 만 65세 이상 고령소비자를 위한 제도이므로 '고령 투자자 숙려제도'라고도 합니다. 숙려기간 동안 금융기관은 투자자에게 투자위험 등 상품의 중요한 사항을 다시 설명해야 합니다. 그럼에도 불구하고 가입을 원한다면 최종 계약이 확정되는 것이고, 그렇지 않다면 계약은 취소됩니다. 이 제도도 투자성 상품의 청약철회권과 동일하게 파생상품과 같은 고난도 투자상품에만 적용됩니다. 만약 만 65세 이상 고령자가 고난도 금융상품에 가입했다면, 청약철회권 7일과 투자자 숙려제도

2일이 모두 적용되어 9일 내 청약철회가 가능합니다.

　고령자가 고난도 금융상품에 가입할 경우 상품의 판매 및 계약 과정을 모두 녹취한다고 했습니다. 그런데 왜 녹취할까요? 이는 금소법에서 정한 '6대 판매원칙'을 금융기관이 잘 준수했는지·등을 확인하기 위해서이기도 합니다. 금소법에서 규정하고 있는 금융기관의 6대 판매원칙은 다음과 같습니다.

6대 판매원칙

적합성 원칙	고객 정보를 파악하고 고객에게 적합한 상품을 권유해야 함
적정성 원칙	고객이 가입하려는 상품이 고객에게 부적합할 경우 그 사실을 고지해야 함
설명 의무	상품 권유 시, 소비자 요청 시 해당 상품의 주요 사항을 잘 설명해야 함
불공정영업행위 금지	소비자 의사에 반하는 상품계약 강요 등의 금지(예: 꺾기)
부당권유행위 금지	불확실한 상황에 대하여 단정적인 판단을 제공하는 행위 금지
허위, 과장광고 금지	광고 시 필수 포함 사항 및 금지행위 명시

　금융기관 및 판매자는 고객에게 맞는 상품을 권유해야 합니다. 금융이해력이 높지 않은 고령자에게 고난도 금융상품을 권유하면 안 된다는 뜻입니다(적합성 원칙). 또 고객이 가입하고자 하는 상품이 고객의 상황에서 적합하지 않다고 판단되면, 적합하지 않다고 말해야 합니다(적정성 원칙). 상품의 위험 등 고객이 반드시 알아야 할 사항은 잘 설명해야 하고요(설명의무). 만약 금소법이 규정하고 있는 6대 판매원칙을 잘 알고 있다면, 판매자가 이 원칙에 맞게 행동하고 있는지 아닌지 판단해볼 수 있을 것입니다.

마지막으로 금소법이 규정하고 있는 '위법계약해지권'에 대해서도 말씀드릴게요. 위법계약해지권은 청약철회권과 마찬가지로 소비자가 챙길 수 있는 중요한 권리에 해당합니다. 이는 말 그대로 위법계약이라 판단되면 해지를 요구할 수 있는 권리를 말합니다. 앞서 설명한 6대 판매원칙을 위반했다면 이는 위법계약에 해당합니다. 중요한 사실을 설명 듣지 못했다거나, 맞지 않는 상품을 권유받아 계약했거나, 고위험임에도 불구하고 안정적인 상품인양 추천받아 계약했다면 모두 위법계약해지권을 행사할 수 있습니다. 위법계약해지권 행사는 금융소비자가 금융기관의 위반사항을 안 날로부터 1년 이내에 할 수 있습니다. 단, 계약체결 후 5년 이내여야 하고요. 행사하면 계약은 해지 시점 이후부터 무효가 됩니다. 따라서 해지 시점 전까지 발생한 비용 등은 돌려받을 수 없다는 사실도 기억해 두세요.

Q. 신용점수를 올리려면 어떻게 해야 하나요?

↳ 개인신용평가사가 신용점수를 어떻게 매기는지, 그 기준을 먼저 이해해야 합니다.

신용점수에 대해 이야기하기 전에 용어 점검부터 해보겠습니다. 신용과 부채는 같은 말일까요? 부채와 대출은 같은 말일까요? 일상에서 우리는 신용, 부채, 대출을 혼용해서 사용하곤 합니다. 우선 신용은 외상값, 빚 등을 갚을 수 있는 능력을 의미합니다. 부채는 남에게 빚을 지는 것, 혹은 그 빚을 의미하고요. 뉴스에서 종종 '한국의 가계부채가 증가했다'는 식의 기사를 듣곤 합니다. 이는 개인 및 가계의 빚이 증가했다는 뜻입니다. 이때 빚은 은행에서 빌린 대출도 있지만, 신용카드를 사용하고 앞으로 결제해야 할 잔액도 포함됩니다. 이에 '가계부채 = 가계대출 + 판매신용'이란 식이 성립됩니다. 뉴스에서 이야기하는 가계부채는 바로 이를 의미합니다. 이때 가계부채 대신 가계신용이란 용어로 대체할 수 있습니다. 가계신용과 가계부채는 동일한 의미를 지닌다는 뜻입니다. 부담한 빚은 갚아야 하는 것이니 '빚(부채) = 신용'이 성립될 수 있겠지요? 갚아야 하는 모든 빚은 신용에 포함됩니다. 즉 은행 대출, 신용카드 사용료, 핸드폰 요금, 전기·수도요금, 세금 등도 모두 신용에 포함된다는 뜻입니다. 신용을 관리한다는 것은 이 모든 갚아야 할 것들을 잘 갚을 수 있도록 잘 관리해야 한다는 의미입니다.

가계부채(신용)의 의미

가계부채(가계신용) = 가계대출 약 94% + 판매신용 약 6%

*2023년 ¼분기 기준, 가계부채(가계신용) 1,853.9조 원(가계대출: 1,739.5조 원/ 판매신용: 114.4조 원)

자료: 한국은행 금융안정보고서(2023.06)

그럼 대출은 이것과 어떻게 구분될까요? 대출의 사전적 의미는 '돈이나 물건 등을 빌려주는 일'입니다. 은행은 예금으로 자금을 조달해서 대출해주는 기관입니다. 대출은 은행에서 하는 일이고, 그 대출을 받는 것은 엄밀하게 말해 '차입'이라 표현해야 맞습니다. 그러나 보통 은행 등 금융기관으로부터의 차입을 '대출'이라 표현하지요. 통상 대출과 부채를 혼용해서 사용하곤 하는데, 부채가 더 큰 개념이고, 대출은 부채 중 한 유형일 뿐입니다.

자, 이제 본격적으로 '신용' 이야기를 해보겠습니다. '신용이 자산이다' 이 말에 동의하시나요? 네, 신용사회에서 신용은 큰 자산이 될 수 있습니다. 신용은 약속이자 책임입니다. 약속과 책임을 다 하면 신용이 높아질 것이고, 그렇지 않으면 낮아질 것입니다. '신용이 좋다'라는 말은 '빌린 돈을 잘 갚는다' 라는 뜻이니, 빌려주는 쪽 입장에서는 군이 높은 이자를 청구할 필요 없습니다. 하지만 신용이 좋지 않은 사람에게는 빌려준 돈을 떼일 우려 때문에 높은 이자를 청구하고 싶어집니다. 신용으로 인해 비용부담 수준이 달라지는 셈이지요. 그러니 신용은 자산이라 할 수 있습니다.

그렇다면 이 신용, 누가 평가할까요? 개인의 신용은 CB Credit Bureau사라고 불리는 개인신용평가회사가 평가합니다. 아마 들어보셨을 NICE평가정보, 코리아크레딧뷰로KCB가 대표적인 개인신용평가사입니다. 이들은 개인의 신용 관련 정보를 토대로 종합적인 개인신용도를 평가·제공하는 신용정보 집적기관입니다. 신용점수는 이 회사에서 분석하여 제공하는 개인의 신용도를 평가하는 점수입니다. 금융회사는 CB사가 제공하는 신용점수를 바탕으로 직장 정보, 소득 정보 등에 따라 각종 신용거래의 승인 여부, 대출한도, 금리 등을 자체 결정합니다.

CB사는 무엇을 보고 개인의 신용도를 평가할까요? 신용점수의 주요 평가요소는 '상환이력, 신용형태, 부채수준, 신용거래기간'입니다. 첫째, 상환이력을 봅니다. 이는 말 그대로 상환의 이력, 즉 빌린 것을 얼마나 잘 갚았는지를 본다는 뜻입니다. 상환이력에서 연체는 가장 나쁜 지표입니다. 연체기간이 장기일수록, 연체금액이 클수록, 연체횟수가 많을수록 개인신용평가에 부정적 영향을 미칩니다. 지금 연체가 있는지, 과거 연체가 있었는지 등을 종합적으로 판단합니다. 둘째, 신용형태를 봅니다. 이는 신용거래 기관 및 상품 종류에 따른 채무상환 부담의 차이가 개인신용평가에 반영됨을 의미합니다. 쉽게 말해, 어디서, 어떤 돈을 빌렸는지를 본다는 뜻입니다. 제 1금융권인 은행에서 빌렸는지, 제 2금융권인 카드사, 저축은행, 캐피탈사 등에서 빌렸는지, 그것도 아니면 대부업체를 통해 빌렸는지 등을 체크합니다. 또 신용카드 사용 패턴(할부 사용이 많은지, 현금 서비스나 카드론, 리볼빙 사용이 잦은지)은 어떠한지에 대해서도 점검합니다. 셋째, 부채수준을 봅니다. 개인이 보유하고 있는 현재 부채수준에 따라 채무상환 부담 정도가 달라지므로, 이 또한 개인신용평가의 주요 지표가 됩니다. 개인이 보유하고 있는 부채 규모가 클수록, 부채 건수가 많을수록 개인신용평가에 부정적 영향을 미칩니다. 넷째, 신용거래기간을 봅니다. 이는 신용개설, 대출, 보증 등 신용거래활동을 시작한 후의 거래기간에 대한 정보를 의미합니다. 연체 없는 신용거래기간이 길수록 신용평점에는 긍정적입니다.

동일인이라 하더라도 각 신용평가사가 제공하는 신용점수는 동일하지 않습니다. 왜 그럴까요? 이는 두 회사가 각 요인의 중요도를 다르게 보기 때문입니다. 이를테면, NICE는 상환이력에 더 높은 가중치를 두는 데, KCB는 신용형태에 더 높은 가중치를 두는 식입니다.

신용점수 평가요소와 각 사별 가중치

평가요소	평가요소의 상세내용	NICE	KCB
상환이력	현재 연체 및 과거 채무상환이력	28.4%	21%
신용형태	신용거래 패턴(대출기관 및 카드 사용 패턴)	27.5%	38%
부채수준	채무 부담 정도(대출 및 보증채무)	24.5%	24%
신용거래기간	신용거래기간	12.3%	9%
기타(비금융정보)		7.3%	8%
계		100%	100%

자료: NICE평가정보 및 코리아크레딧뷰로 홈페이지(2023년 11월 기준)

신용점수가 매겨지는 원리를 이해했으니 자연스럽게 올바른 신용관리법이 도출될 수 있겠지요? 각 요소에 긍정적인 영향을 미치는 신용관리 활동을 많이 하면 신용점수는 높아집니다. 첫째, 절대 연체하지 말아야 합니다. 10만 원 이상, 5영업일 이상의 연체는 신용평가에 반영됩니다. 그리고 90일 이상 연체는 심각한 신용점수 하락요인입니다. 이에 10만 원 이상, 5영업일 이상 연체하지 말아야 합니다. 둘째, 신용카드사의 카드론, 현금 서비스, 리볼빙은 사용하지 않는 것이 좋습니다. 또 지나친 할부 사용은 자제하는 것이 좋습니다. 할부 잔액은 곧 빚이니까요. 캐피탈사의 자동차 할부, 자동차 리스 사용도 신용점수에는 부정적입니다. 2금융권 부채에 해당되니까요. 셋째, 너무 많은 채무를 지지 않기 위해 노력해야 합니다. 특히 단기적으로 과도한 채무는 신용평가에 더욱 부정적 영향을 미칩니다. 넷째, 신용거래기간이 길수록 신용점수에는 긍정적입니다. 여러 개의 카드 중 일부 처분을 고려한다면, 오래되어 신용이력이 쌓인 카드 말고, 최근 발급받은 카드부터 처분하는 것이 좋습니다.

이 밖에도 신용점수 올리는 데 도움이 되는 방법이 있습니다. 이는 바로

'비금융정보'를 신용평가회사에 알리는 것인데요. '씬파일러Thin filer'라고 들어보셨나요? 씬파일러는 신용평가를 할 수 없을 만큼 금융 이력이 거의 없는 사람을 의미합니다. 대학생, 사회초년생 등이 여기에 해당되지요. 신용점수는 신용카드를 사용하지 않고, 대출을 받지 않는다고 해서 높아지는 것이 아닙니다. 신용을 잘 사용하면서 잘 갚아야 높아집니다. 신용거래 이력이 없는 사회초년생은 낮은 신용점수를 조금이라도 올리기 위해 비금융정보를 등록할 수 있습니다. 비금융정보에 해당하는 것은 통신요금 납부이력, 국민연금 및 건강보험 납부이력, 소득정보 등입니다. 이를 신용평가사에 등록하면 신용평가사는 이를 평가하여 신용점수에 반영할 수 있습니다.

신용사회에서 신용은 개인의 중요한 자산입니다. 신용을 잃기는 쉬우나 회복하기는 정말 힘듭니다. 이에 신용관리에 각별히 신경 써야 합니다. 절대 연체하지 말아야 합니다. 이를 위해서 우선적으로 해야 할 일은 과도한 신용(부채)을 사용하지 않는 것입니다. 소득 범위 내에서 지출하고, 비상시 자금 사용을 위해 비상예비자금부터 확보해야 함을 강조하는 이유도 모두 이 때문입니다.

"리볼빙을 아시나요?"

리볼빙의 정확한 명칭은 '일부결제금액이월약정'입니다. 말 그래도 '원래 결제해야 할 금액 중 일부만 갚으면 나머지는 다음에 갚을 수 있도록 해 주겠다'고 하는 서비스를 의미합니다. 리볼빙은 못 갚아서 발생할 수 있는 연체를 막아주는 서비스일 수 있습니다. 연체 발생은 신용관리 측면에서는 가장 경계해야 할 사항인데, 이를 예방해준다고 하니 얼핏 보기엔 꽤 괜찮은 서비스로 보입니다. 물론 잘 쓰면 도움이 될 수 있습니다. 하지만 이는 잘못된 카드 사용 습관을 만들기 쉽고, 특히 신용점수에 상당히 부정적 영향을 미칩니다.

리볼빙의 함정

	첫째달	둘째달	셋째달
사용금액	100만 원	100만 원	100만 원
이월금액		90만 원	171만 원
리볼빙 금액	10만 원	19만 원	27.1만 원
수수료 (연 20%로 가정)		1.5만 원	약 2.9만 원
당월납부금액	10만 원	20.5만 원	30만 원
이월금액	90만 원	171만 원	243.9만 원

*약정결제비율 10% 가정 시

리볼빙 수수료는 상당히 높은 편입니다. 이에 리볼빙을 사용한다는 것은 고금리대출을 이용한다는 뜻과 동일합니다. 되도록 사용하지 않는 것이 좋습니다. 혹 나도 모르게 리볼빙 약정이 되어 있다면 약정부터 해지하는 게 좋습니다.

신용 상식 테스트

문항	예	아니오
1. 신용정보조회를 조회하면 신용점수가 내려간다.		
2. 공과금, 세금, 통신요금은 금융채무가 아니므로 신용도와 상관없다.		
3. 개인 간 채무관계로 법원에서 패소하더라도 신용도에는 영향이 없다.		
4. 연체금을 갚으면 신용도가 이전으로 회복된다.		
5. 금융회사 앞으로 보증을 서준 것은 내가 대출을 받은 게 아니므로 신용점수에는 영향이 없다.		
6. 대출을 아예 안 받으면 신용점수가 좋아진다.		
7. 금융회사나 금융회사 소속 대출모집인은 내 동의가 없어도 내 신용정보를 알 수 있다.		
8. 개인회생·파산·신용회복을 받아 무사히 마쳤으면 신용이 회복되어 바로 대출을 받을 수 있다.		
9. 소득이 높으면 신용점수가 올라간다.		
10. A은행에서 대출을 받았지만 B은행, C캐피탈에서는 모를 것이다.		

*답은 모두 '아니오'입니다.

자료: 금융감독원 서민금융 1332 홈페이지

Q. 지연이체 서비스가 뭐예요?

↳ 착오송금과 금융사기를 예방할 수 있는 서비스입니다.

혹시 실수로 다른 사람에게 송금한 경험이 있으신가요? 비대면 거래가 보편화되다 보니 간편하게 이체할 수 있어 좋긴 한데, 이에 따른 부작용도 발생하곤 합니다. 바로 착오송금입니다. 금융감독원에 따르면 2017년부터 2021년 8월까지 착오송금이 무려 69만 9,404건, 그 규모가 1조 6,414억 원에 달한다고 합니다. 엄청나지요? 착오송금을 돌려받기는 쉬운 일이 아닙니다. 이에 이러한 문제가 발생하지 않도록 사전에 예방하는 것이 최선일 것입니다. '지연이체 서비스'는 착오송금을 예방하기 위한 서비스입니다. 인터넷뱅킹, 스마트뱅킹, 텔레뱅킹 등을 이용하여 송금할 경우(창구나 ATM을 통한 직접이체는 적용되지 않습니다), 바로 이체되지 않고 일정 시간이 경과한 후에 수취계좌로 입금되도록 하는 서비스입니다. 이 서비스에 가입하면 이미 이체를 했다 하더라도 일정 시간 내에 이체 취소가 가능합니다(통상 이체 취소는 입금처리 시간 30분 전까지 가능합니다).

지연이체 서비스는 '보이스피싱'과 같은 금융사기 예방에도 도움이 됩니다. 금융사기 수법은 갈수록 고도화되고 있습니다. 이제 누구나 금융사기 피해자가 될 수 있다는 생각을 해야 한다는 뜻이기도 합니다. 지연이체 서비스와 더불어 '입금계좌 지정 서비스'도 신청하면 좋습니다. 이는 본인이 미리 지정해 놓은 계좌로는 전자금융 이체 한도 내에서 자유롭게 송금이 가능하지만, 지정하지 않은 계좌로는 소액송금(1일 100만 원 이내)만 가능하도록 하는 서비스입니다. 더불어 금융사기 예방을 위해 경찰청이 제공하는 '시티즌 코난' 앱 서비스를 이용해 보세요. 이를 통해 핸드폰에 악성 앱이 있는 지 등을 검사할 수 있습니다.

Q. 비대면 금융거래 시 유의해야 할 사항에 대해 알려 주세요.

↳ 비대면 금융거래는 편리하지만 소비자 불만이나 피해 발생 빈도를 높이는 경향이 있습니다. 이에 소비자 스스로 선택과 결정에 신중을 기해야 합니다.

코로나19 이후 비대면 금융거래가 더욱 더 확대되었습니다. 일 년에 한 번도 금융기관을 방문하지 않아도 모든 금융거래를 불편하지 않게 할 수 있는 세상이 되었으니까요. 참 편해져서 좋긴 한데, 이에 따른 부작용도 만만치 않습니다(금융감독원에 의하면 실제 코로나19 이후 비대면 금융으로 인한 민원은 그 이전보다 3배 이상 증가한 것으로 보고되고 있습니다). 이에 금융소비자가 꼭 알아야 할 '비대면 금융거래 시 유의사항'에 대해 간략하게 말씀드리겠습니다. [20]

첫째, 투자성향보다 위험성이 높은 금융투자상품은 신중하게 결정하세요. 표준화된 설명을 일방적으로 전달하는 비대면 거래의 특성상 나이, 투자 경험, 재무상황 등 투자자 상황을 반영한 설명을 듣기는 어렵습니다. 이에 금융소비자는 투자상품의 성격, 위험 등에 대해 정확하게 인지하지 못한 채 가입하기 십상이고요. 따라서 비대면으로 금융투자상품을 가입할 때는 자신의 투자성향에 적합한 상품인지 스스로 잘 판단해야 합니다. 특히 투자성향보다 위험등급이 높은 투자상품일 경우 위험성 등을 더 주의 깊게 살펴야 합니다. 투자설명서를 그냥 넘기지 말고, 상품에 대한 핵심 내용은 사전에 꼼꼼히 점검해 보세요.

둘째, 전화로 보험상품을 가입할 경우, 상품의 주요 내용을 정확히 이해하고 가입하세요. 질병치료가 되는 줄 알고 가입했는데, 재해로 인한 사망 혹은

---

20) 금융감독원이 2022년 12월 11일 발표한 '비대면 금융거래 시 소비자 유의사항'을 바탕으로 설명하겠습니다.

치료 시에만 보장이 된다든지, 만기환급금이 있는 줄 알았는데, 만기환급금이 없는 보험이라든지 등의 보험 관련 민원은 상당히 많은 편입니다. 전화를 통한 보험모집 권유는 상품의 장점만을 강조하는 경우가 많습니다. 이에 본인의 니즈를 충분히 충족시킬 수 있는 상품인지, 상품가입 전 꼭 알아야 할 유의사항은 없는지 등을 스스로 챙겨야 합니다. 이 과정을 통해 상품에 가입했음에도 불구하고 자신의 니즈에 맞는 상품이 아니라고 판단되면 차라리 청약철회권 행사를 고려하는 편이 낫습니다.

셋째, 개인정보 유출로 인한 금융범죄에 유의하세요. 스미싱 문자의 URL을 잘못 눌러 핸드폰에 원격조정 앱이 설치되고, 사기범은 핸드폰에 저장된 신분증 사진으로 비대면 대출을 일으키는 등의 금융사기 수법은 아마 종종 들어보셨을 겁니다. 개인정보가 유출되었을 경우 명의도용을 통한 계좌개설, 대출편취 등으로 심각한 소비자 피해가 발생합니다. 이에 각별한 주의가 필요합니다. 먼저 스미싱 문자에 유의하세요. 택배 주소지 불일치 건, 기프티콘 선물, 대출 문자, 심지어 부고장 안내까지 스미싱이나 메신저 피싱 등의 금융사기는 점점 고도화되고 있습니다. 절대 문자의 URL을 클릭하지 마세요. 더불어 휴대전화에 신분증, 신용카드 사진 등을 저장하지 마세요. 기관의 명의도용 방지 서비스 등을 이용하는 것도 좋은 방법입니다.

넷째, 플랫폼을 통한 거래 시 금융회사의 정보를 꼼꼼히 살펴보세요. 접근 편의성 및 정보검색 기능을 갖춘 온라인 플랫폼을 활용한 금융거래가 갈수록 증가하고 있습니다. 분명 편리하지만 소비자 불만 및 민원도 함께 증가하고 있는 추세입니다. 플랫폼 검색 결과와 실제 금융기관의 요건이 다른 경우가 많기 때문입니다. 일테면, 대출상품 비교 시 조회되는 대출한도나 금리가 실제 금융회사의 심사 결과와 다른 경우 등입니다. 이에 플랫폼을 통한 금융거래 시는 실제 금융회사의 상품설명 등도 함께 꼼꼼히 살펴야 합니다.

▰Chapter 11. 정리 한 마디

같은 금리라도 적금이자는 예금이자보다 적습니다. 72법칙을 통해서도 알 수 있듯이, 돈의 성장을 위해 시간과 수익률을 적절히 이용할 수 있어야 합니다. 파생상품은 재무목표 달성을 위해 굳이 편입하지 않아도 되는 금융투자상품입니다. 금융소비자 스스로 자신을 보호하기 위한 권리를 숙지하고 있어야 합니다. 신용점수의 평가요소에 긍정적 영향을 미치는 신용활동을 통해 신용점수가 상승할 수 있습니다. 착오송금 및 금융사기 예방을 위한 지연이체 서비스를 활용할 수 있습니다. 비대면 금융거래 활성화 상황에서 금융소비자는 금융거래에 신중을 기해야 합니다.

이상으로 앞서 다루지 않았지만 금융생활을 하는 데 있어 필요하다고 판단되는 중요한 사항을 함께 살펴봤습니다. 이를 알고 적극적으로 실천하는 것은 '주도적 금융소비자 되기'를 가능하게 할 것입니다.

에필로그

투자 기본서가 필요하다고 생각했습니다. 처음 입문할 때도 읽고, 투자하다가 막힐 때도 꺼내서 읽는 그런 책 말입니다. 소방안전교육, 산업안전교육 등 위험이 수반되는 곳엔 반드시 안전교육이 있습니다. 그런데 위험이 수반되는 투자엔 안전교육은 없고, 조각조각 단편적인 정보만 가득합니다. 그 현실이 참 안타까웠습니다. 그래서 이 책이 투자교육용 기본서가 되었으면 좋겠다는 마음으로 정성을 다해 썼습니다.

지금까지 함께 한 투자 공부는 '투자자인 나'를 지키기 위함입니다. 투자 공부 없이 투자하는 것은 수영을 배우지 않고 물에 뛰어드는 것과 같은 셈이니까요. 그러나 공부해도 쉽지 않은 게 투자입니다. 늘 예상치 못한 변수가 생기니까요. 그래서 투자에 임할 때는 위험을 잘 다스리고 대응해야겠다는 마음가짐을 단단히 가져야 합니다. '이 또한 다 지나가리라' 하면서 말이죠.

우리가 살아가는 세상은 종종 위기가 찾아와도 쉼 없이 발전해 가고 있습니다. 기술은 멈추지 않고 계속 성장하고 진보하고 있으니까요. 투자는 이렇게 발전하는 세상과 발을 맞추는 행동입니다. 투자를 의심하지 말았으면 좋겠습니다.

마음 편한 투자가 좋은 투자입니다. 투자하다가 마음이 불편하면 어딘가에 욕심이, 어딘가에 과한 불안함이 자라나고 있다는 뜻입니다. 그걸 알아차리고 다시 초심으로 돌아갈 수 있도록 노력해 보세요. 여러분과 함께 여러분의 돈도 조금씩 조금씩 성장해갈 것입니다.

감으로 하는 투자 말고
진짜 투자

2024년 3월 초판 1쇄

지은이 박원주

기획 김진희
디자인 강소연
일러스트 이유이
펴낸곳 (주)넷마루

주소 08380 서울시 구로구 디지털로33길 27, 삼성IT밸리 806호
전화 02-597-2342 **이메일** contents@netmaru.net
출판등록 제 25100-2018-000009호

ISBN 979-11-93752-00-5 (03320)